Marcus Reckewitz
Populäre Wein-Irrtümer

Marcus Reckewitz

Populäre
Wein-Irrtümer

Ein unterhaltsames Lexikon

Anaconda

MIX
Papier | Fördert
gute Waldnutzung
FSC® C083411
www.fsc.org

Penguin Random House Verlagsgruppe FSC® N001967

Abdruck des Gedichts von Fritz Eckenga auf S. 86–87
mit freundlicher Genehmigung:
Fritz Eckenga, »Der Wein war ein Gedicht.«
Aus: *Mit mir im Reimen. Alle Gedichte und neue.*
© Verlag Antje Kunstmann GmbH, München 2015

12. Auflage
© 2012 by Anaconda Verlag, einem Unternehmen
der Penguin Random House Verlagsgruppe GmbH,
Neumarkter Straße 28, 81673 München
produktsicherheit@penguinrandomhouse.de
(Vorstehende Angaben sind zugleich Pflichtinformationen nach GPSR)

Alle Rechte vorbehalten.
Umschlagmotiv: iStockphoto.com / © Jivko Kazakov
Umschlaggestaltung: Druckfrei. Dagmar Herrmann, Bad Honnef
Satz und Layout: www.paque.de
Druck und Bindung: CPI books GmbH, Leck
Printed in the EU
ISBN 978-3-86647-820-6
www.anacondaverlag.de

Aperitif

Seit Jahr und Tag geistern sie durch die Gemeinde der Weinliebhaber: die Mythen, die populären Irrtümer, die scheinbaren Sicherheiten, die Halbwahrheiten und Vorurteile. Ob echte Kenner, fortgeschrittene Laien oder unbedarfte Einsteiger, sie alle lieben diese einfachen »Wahrheiten«, weil sie Orientierung versprechen, weil sie ein ungemein komplexes Thema herunterbrechen auf scheinbar einfache Gewissheiten. Das erklärt ihren Erfolg und die Hartnäckigkeit, mit der sie sich halten.

Doch Mythen und Irrtümer sind nichts weiter als Stolpersteine, die einen ungezwungenen und unkomplizierten Zugang zu einem ungemein spannenden Stück Alltagskultur verhindern. Wer beispielsweise dem modischen Irrglauben anhängt, dass allein dunkle Rotweine komplexe Tiefe und Kraft bieten können, wird sich all den intensiven Geschmacksabenteuern verschließen, die auch farblich ein wenig blassere Kandidaten bieten können. Was einer Zwangsamputation der Möglichkeiten gleichkommt. Und wer glaubt, dass Wein durch einen Naturkorken »atmen« muss und deshalb Weine mit Drehverschluss einfach ablehnt, wird eine Menge wirklich guter Tropfen verpassen.

Also räumen wir mit diesem kleinen Lexikon einige der größten Stolpersteine aus dem Weg. Mit jedem entzauberten Mythos trennt man sich zwar von einer lieb gewonnenen (Schein-)Gewissheit, doch man gewinnt auch ein wenig mehr Einblick, man erfährt einfache Wahrheiten, erhält einen unverstellteren Blick auf die Welt des Weins.

Und diese Welt ist ungemein bunt und abwechslungsreich, bisweilen auch bizarr und kurios. Alles, was man braucht, um sie sich zu erschließen, sind aufgeschlossene Sinne. Und Neugier. Neugier auf das individuelle Persönlichkeitsprofil, das da in jedem Glas darauf wartet, entdeckt zu werden. Neugier auch auf die ungeheure Vielfalt, durch die man sich ein Leben lang trinken darf. Der Rest kommt von alleine.

Alkohol
Der Alkohol verdampft beim Kochen

Vorweg ein Süppchen? Vielleicht ein Champagner-Süppchen mit Pommery-Senf? Als Zwischengang in Weißwein und Pernod marinierter Fenchel mit Jakobsmuscheln? Zum Hauptgang ein Bœuf Bourgignon in rotem Burgunder? Dazu einen Roten im Glas? (Ein Glas? Zum Essen? Das geht!) Und hinten drauf noch eine mit Marsala aufgeschlagene Zabaglione?

Wenn Sie mit einer solchen oder ähnlichen Menüfolge im Bauch das Restaurant verlassen und auf der anschließenden Heimfahrt von einem Freund und Helfer angehalten und danach gefragt werden, ob Sie was getrunken haben, und wenn Sie dann ebenso wahrhaftig wie unschuldig antworten: »Nur ein Glas Wein zum Essen!« – dann wandeln Sie auf sehr dünnem Eis!

Sie mögen vielleicht tatsächlich zum Essen nur ein Glas Wein getrunken haben. Und das dürfte für eine Fahruntüchtigkeit in der Regel nicht reichen. Und dennoch reißen Sie die Promillegrenze. Denn das zweite oder gar dritte Glas haben Sie nicht getrunken, sondern gegessen! Weil – nein! – der Alkohol von Wein oder anderen Alkoholika im Essen entgegen der landläufigen Meinung beim Kochen eben nicht oder zumindest nicht vollständig verdampft.

Schuld daran ist aber nicht der Alkohol! Alkohol alleine würde bei seinem Siedepunkt von bereits 78 Grad beginnen zu verdunsten. Nein, schuld ist das Wasser. Das Wasser im Wein, im Schampus, im Bier, im Schnaps! Das hat nämlich einen Siedepunkt von knapp 100 Grad und ist in Alkoholika mit bis zu 90 Prozent oder gar mehr enthalten. Und weil sich auch beim Kochen das Wasser-Alkohol-Gemisch nicht vollständig trennt, steht das Wasser dem Alkohol beim Versieden im Weg.

Die Folge: Je nach Hitze, Garzeit, Pfannen- bzw. Topfgröße, je nach Kochen oder Backen und je nachdem, ob ein Deckel zum Einsatz kommt oder nicht, können noch zwischen fünf und bis zu 85 Prozent des zugegebenen Alkohols in Topf und Pfanne verbleiben. Böses Wasser!

Beim Backen verbleibt am meisten Alkohol, beim Kochen in einer großen, offenen Pfanne am wenigsten. Am höchsten ist der Alkoholgehalt in kurz vor dem Servieren mit Wein, Sherry oder gar Schnaps aromatisierten Suppen oder Saucen. Nach einer viertel Stunde Köcheln darf man mit noch 40 Prozent, nach einer halben mit noch 35 Prozent des ursprünglichen Alkohols rechnen. Erst nach zweieinhalb Stunden haben sich 95 Prozent des zugefügten Alkohols verflüchtigt. Das alles hat man gemessen. Wissenschaftlich. An der University of Idaho.

Also: Beim nächsten Mal bestellen Sie ein Taxi! Oder Sie lehnen mindestens die Suppe ab. Oder den Burgunderbraten. Am besten beides: »Burgunderbraten? Nein danke! Ich muss noch fahren!«

Amphoren

Back to the roots – mit der Amphore biodynamisch ins Erdreich

In jenen Großstadtressorts, in denen Bio-Märkte die Wohn- und Einkaufsviertel in einer Dichte besiedeln wie anderswo Currywurstbuden, hört man in Vinotheken immer öfter die Frage: »Haben Sie auch biodynamischen Wein?« Man fragt nicht nach der Traube, nicht nach der Region. Man fragt zunächst nach der »richtigen« Einstellung des Erzeugers. War es zunächst die Kartoffel, soll nun konsequenterweise auch der Wein nach der reinen Lehre erzeugt worden sein.

Die reine Lehre hat den Biodynamikern des Weinbaus der österreichische Esoteriker Rudolf Steiner an die Hand gegeben. Und biodynamisch, das heißt noch mal 'ne Schippe mehr als einfach nur Bio. Es reicht nicht der Verzicht auf Fungizid und Pestizid. Es reicht nicht der Verzicht auf Herbizid und Kunstdünger. Es reicht nicht, dem Schädling einen Nützling auf den Hals zu hetzen. Und es reicht nicht der Verzicht auf Vollernter und Turbohefen.

Der Biodynamiker hat Höheres im Sinn: Er schwört auf die kosmischen Energien, die Arbeit im Weinberg und -keller wird von der Sterne Bahn gelenkt, jenen im Orbit funkelnden Kraft- und Lebensspendern. Vertreter dieser Fraktion vergraben auch mit Kuhkacke gefüllte Kuhhörner im Wingert, rühren sie dann im Ritual erst rechts, dann links, versprühen sie bei untergehender Sonne in homöopathischer Dosis als Dünger. Gelesen wird natürlich von Hand. Pferde tragen die Last der Traubenernte. Traktoren sind wie alle Technik zu laut, das stört den Kosmos. Gerne lässt man auch Kuhherden und Schafe durch die Weinberge ziehen. Die Reben fühlen sich dann wohler.

Als aufgeklärter Rationalist mag man all den esoterischen Zauber belächeln. Und wahrlich nicht jeder Winzer, der den Namen seines Weingutes tanzen kann, erzeugt deshalb auch trinkbare Weine. Andererseits zählen mittlerweile viele internationale Spitzenweingüter bereits zur Rudolf-Steiner-Gemeinde – und sie tun dies relativ unaufgeregt (s. S. 25).

Als vorerst neuestes Kuriosum der vornehmlich biodynamischen Avantgarde auf der Suche nach einem Weg zurück zum Einklang mit der Natur erscheint allerdings eine etwas überspannt anmutende Methode: der Ausbau des Weins in der Amphore.

Während die übrige Weinwelt an die Reinheit des Edelstahltanks und an die Veredlung im Barrique (s. S. 23) glaubt, hat eine kleine Phalanx von Biodynamikern nun das ultimativ Archaische wiederentdeckt. Die Kraft der Natur, die Kraft des Bodens soll über die im Erdreich verbuddelten bis zu 2500 Liter fassenden Tongefäße auf den Wein übergehen.

Neu ist das alles nicht. Bevor die ollen Germanen den ollen Römern zeigten, dass das Holzfass ein sehr viel zweckdienlicheres Gefäß ist als die Amphore, waren die Terrakottabehälter das Maß der Dinge. Im Schwarzmeerraum, wo man die Wiege des Weinbaus vermutet, wird diese jahrtausende alte Tradition noch heute angewandt. Auch in Portugal – wenngleich das alles nur randständige Bedeutung hat.

Sollen also all die Erfahrungen, soll all der Fortschritt im Umgang mit modernen Materialien, mit Hygiene- und Ausbaustandards, soll das alles letztlich nur der Entfremdung des Naturproduktes Wein von eben der Natur gedient haben?

Die Protagonisten der Amphorenweine meinen ja. Und darunter befinden sich berühmte Namen: Jasko Gravner aus dem Friaul experimentiert schon seit der Jahrtausendwende mit im Keller vergrabenen Amphoren – und erhielt für so manchen Tropfen drei Gläser im Gambero Rosso, dem Leitmedium der italienischen Weinführer. Zuletzt reüssierten einige Winzer der Südsteiermark sowie deren Landsmann Bernhard Ott mit ihren Back-to-the-roots-Weinen.

Und wie schmecken sie, die Amphorenweine? Darüber streiten Fachwelt wie Laienschar. Von Bemerkungen, dass es auch einfacher gehe, Wein zu ruinieren, bis hin zu Jubel-Arien über die feine Frucht, die Frische und Vitalität liest und hört man alles – je nach Jahrgang, je nach Weingut. Wer's wissen will, sollte nachfragen. In der Vinothek: »Haben Sie was Biodynamisches aus der Amphore?« Trauen Sie sich!

Anbruch

Angebrochene Flaschen
büßen über Nacht an Qualität ein

Es gibt viele gute Gründe, eine geöffnete Flasche Wein bis zur Neige zu leeren. Der beste: Er schmeckt! Bisweilen gibt es aber auch gute Gründe, eine angebrochene Flasche Wein *nicht* auszutrinken. Der schlechteste: Er schmeckt nicht! Vielleicht weil er einen Korkton aufweist. In diesem Fall sollte man die Flasche zum Ausguss eskortieren und den Inhalt umstandslos den Weg alles Irdischen gehen lassen. Der bleibt nämlich, der Korkton (s. S. 93). Und warum sollte man trinken, was nicht schmeckt?

In allen anderen Fällen stellt sich die bange Frage, ob der gute Tropfen das Parken bis zum nächsten oder gar übernächsten Tag überlebt oder ob er unter der Sauerstoffkeule in der geöffneten Flasche in die Knie geht. Zumal dann, wenn es sich nicht um einen belanglosen Tafelwein, sondern um einen roten oder weißen Edelstoff handelt.

So weit verbreitet sie auch ist, aber die Angst vor der Geschmacksimplosion im Anbruch ist unbegründet. Die meisten (guten) Rot- wie Weißweine überstehen eine Zwangspause in der geöffneten Flasche problemlos – und zwar zwei bis drei Tage. Edelsüße Varianten halten sich noch viel länger. Es gibt natürlich Ausnahmen, die den zweifelsfrei stattfindenden oxidativen Angriffen der Sauerstoffzufuhr nicht so gut standhalten, vor allem sehr junge, leichtfüßige Weiße oder sehr alte, eher feingliedrige Rote. Denen kann über Nacht schon mal die Luft ausgehen. Alle anderen überstehen eine solche Frist ohne existentielle Geschmackseinbußen. Im Gegenteil, viele robuste Rotweine gewinnen sogar, werden über den Sauerstoffkontakt ein wenig galanter. Auch (zu) junge, hochwertige und konzentrierte Weißweine öffnen sich erst über Nacht.

Stellt sich allein die Frage, wie man das Überleben des Anbruchs am besten gewährleistet. Der einfachste Weg: Korken rein und ab in den Kühlschrank. Auch Rotwein.

Wer dieser einfachsten aller Methoden nicht über den Weg traut, kann auch auf einfach zu handhabende und bezahlbare Vakuumpumpen bauen, mit denen man von Hand die Luft aus der Flasche pumpt.

Aus dem Gastro-Profibereich ist seit einigen Jahren zudem eine besonders effektive Technik der Geschmackskonservierung bekannt, mit der man das Leben von Weinen angeblich mehrere Wochen, ja sogar Monate verlängern kann – ohne jede Qualitätseinbußen. Aus einer Spraydose sprüht man über einen dünnen Schlauch ein geruchloses und ungefährliches Gasgemisch aus Kohlendioxid, Stickstoff und Argon in die geöffnete Weinflasche. Das Gasgemisch verdrängt den Sauerstoff und legt sich wie eine Schutzschicht über den Wein. Aromen und Bouquet können nicht entweichen.

Dass es funktioniert, hat die renommierte Forschungsanstalt für Weinbau in Geisenheim in einer Versuchsanordnung bestätigt. In Auftrag gegeben hatte diese Untersuchung die deutsche Niederlassung des bekannten kalifornischen Herstellers von Massen- und Spitzenweinen Ernest & Julio Gallo. Es sollte überprüft werden, ob das »Private Preserve« genannte System dazu geeignet ist, den glasweisen Verkauf von hochwertigen Weinen in der Gastronomie zu ermöglichen und voranzutreiben. Aus Angst vor Qualitätsverlusten in den geöffneten Flaschen (Ausguss!), scheut sich die Gastronomie bekanntermaßen bis heute, Spitzenweine glasweise auszuschenken. Mit dem Gas kann man das jetzt. Große Namen schwören auf dieses System: Mondavi und Mouton-Rothschild (Opus One), Gruaud Larose, Marriott Hotels, Maydon Dubai u.v.m.

Und was die Profis können, das kann man als Wein-Amateur natürlich auch. Mit »Private Preserve«. Oder mit »Wineserv«, einem anderen Anbieter eines ähnlichen Systems. Man kann. Man muss aber nicht. Wie gesagt: Korken drauf und ab in den Kühlschrank geht auch. Und einen Mouton – Gasgemisch hin, Gasgemisch her – macht man gar nicht erst auf, wenn man ihn nicht austrinken will!

Aromen 1

Dass Wein nach Brombeeren oder Pflaumen riecht und schmeckt, kann nur die Folge einer Sinnestäuschung sein

Profinasen können das Bouquet eines Weines bis in die feinsten Nuancen aufblättern. Da schleicht sich in die Beschreibung – nach allerlei primären Fruchtaromen – dann auch gerne einmal ein Hauch Galle ein, oder es tummelt sich ein wenig Leder im Riechkolben, auch Fahrradschlauch.

Ungeübte Nasen hingegen suchen verzweifelt nach Spuren von Leder, Galle und Fahrradschlauch – und finden nix! Was aber selbst ungeübte Nasen problemlos feststellen können, ist: Man schnüffelt am Sauvignon Blanc – und riecht zum Beispiel Stachelbeere. Man schnuppert am Cabernet Sauvignon – und riecht zum Beispiel schwarze Kirschen. Man schnüffelt am Pinot Noir – und riecht zum Beispiel Pflaumen.

Stellt sich die Frage: Wie kann der vergorene Saft von Trauben nach Pflaumen oder Kirschen riechen (und schmecken)? Hat der Winzer Kirsch- oder Pflaumenbäume zwischen die Reben gestellt oder gar das Obst mitvergoren? Oder – schlimmer noch – diese Aromen künstlich zugefügt?

Letzteres wird tatsächlich hin und wieder getan. Mit natürlichen, naturidentischen oder künstlichen Aromastoffen. Geringste Mengen von nur 0,0001 Prozent reichen bisweilen, um einen Effekt zu erzielen (der in der Regel aber nicht sehr lange anhält). Damit versucht man auszugleichen, was die Natur oder die Fähigkeiten des Winzers nicht hergeben. Künstliche Aromen sind aber mittlerweile erstens nachweisbar und zweitens illegal.

Ambitionierte Winzer haben dahingegen den Ehrgeiz, dem Grundstoff Weintraube all jene (sortentypischen) Geruchsnuancen zu entlocken, die eine Weintraube tatsächlich auszeichnen.

Und das alles ist weniger Zauberei als vielmehr pure Chemie. Will heißen: Die chemischen Grundsubstanzen, die einen Wein nach Kirschen und Brombeeren, nach Papaya, Gras, Honig, Butter oder gar Zigarrenkiste riechen lassen, sind entweder bereits in der Weintraube enthalten (vor allem die fruchtigen Primäraromen) bzw. entwickeln sich in einem chemischen Umwandlungsprozess unter der Einwirkung von Hefen, Enzymen, diversen Säuren und Alkohol – letzteres während der Gärung und dem Ausbau im Holzfass (Sekundäraromen wie Hefe-, Vanille- oder Röstnoten) – oder während der Reifung im Fass bzw. in der Flasche, wo sich ganz neue und sehr komplexe Aromaverbindungen entwickeln (Tertiäraromen).

Eine Kostprobe aus dem Schatzkästchen der Chemie gefällig? Ester (Sammelbezeichnung für über hundert Verbindungen) sind für die Wahrnehmung vor allem süß-fruchtiger Aromen verantwortlich. Methoxypyrazine nimmt man, selbst in einer Konzentration von nur 10 Milliardstelgramm pro Liter (das entspricht einer Beere in einer Million Tonnen Trauben!) als grasige oder auch krautige Geruchsnoten wahr. Sotolon wiederum kann je nach Konzentration nach getrockneten Früchten, Karamell, Bockshornklee oder geröstetem Tabak riechen usw.

Es gibt wohl Tausende solcher Stoffe, viele sind bereits identifiziert und mittels der sogenannten Gaschromatographie auch nachweisbar, aber lange noch nicht alle.

Will also heißen: Wein riecht zum Beispiel nach Brombeeren, Paprika, Gräsern, Tabak, Pilzen oder Honig, weil in ihm in der Tat Aromaverbindungen vorkommen oder sich entwickeln, wie sie eben auch in Brombeeren, Paprika, Gräsern, Tabak, Pilzen oder Honig vorliegen. Und eine trainierte Profinase kann all diese Aromaverbindungen tatsächlich wahrnehmen und identifizieren. So wie spezialisierte Botaniker Hunderte verschiedene Baumarten auf den ersten Blick unterscheiden können, wo andere nur einen Wald sehen.

Aber lassen Sie sich von den Profinasen nicht irritieren. Verlassen Sie sich auf Ihren eigenen Riechkolben. Und seien Sie glücklich, wenn Sie nur Brombeeren riechen. Und nicht Fahrradschlauch. Fahrradschlauch ist nicht so wichtig!

Aromen 2

Dass Wein nach Kirschen oder Melonen duftet, ist ja schön, macht aber eigentlich keinen Sinn

Sinnlos ist in der Natur so gut wie nichts. Die Natur macht Fehler, ja gewiss, und immer wieder. Aber sie lernt draus. Dieses selektive Sortiersystem nach dem Prinzip »trial and error« nennt man auch Evolution. Und in eben diesen evolutionären Mechanismen glauben Wissenschaftler eine Erklärung dafür erkennen zu können, warum Weintrauben von Natur aus auch Aromaverbindungen aufweisen, die nach allem riechen (und schmecken) können – nur nicht nach Weintraube.

Im großen Experimentallabor der Evolution haben sich dieser Theorie zufolge nur jene Traubengruppen durchgesetzt, denen es – quasi unter Vortäuschung falscher Tatsachen – gelang, den Erhalt der eigenen Art zu garantieren. Die Weintrauben gaben aromatechnisch einfach vor, etwas zu sein, was sie gar nicht sind bzw. waren.

So dienten im Kampf ums Überleben bestimmte Aromaverbindungen dazu, Insekten anzulocken, die für die Bestäubung hilfreich waren – wer nach Kirschblüten duftet, bei dem landen eben auch solche Fortpflanzungshelfer, die eigentlich eher auf Kirschblüten fliegen. Eine sehr erfolgreiche Form der Hochstapelei.

Andere Aromen lockten Vögel an, die sich mit den Weintrauben die Bäuche füllten und über den Umweg ihres Verdauungstraktes für eine Verbreitung der Samenkerne sorgten – wer aromatisch wie eine Brombeere daherkommt, wird auch für solche Piepmätze zum Lustobjekt, die für eine Brombeer-Orgie bereit sind, meilenweit durch die Toskana zu flattern.

Andere Aromaverbindungen dienten dazu, Angriffe abzuwehren. Sie signalisierten, dass es feindlich gesinnten Mikroben oder Insekten übel aufstoßen würde, wenn sie sich an die betreffende Weintraube heranwagten.

Unter dem Strich darf man also feststellen: Hat geklappt, die Nummer mit den Aromaverbindungen. *Vitis vinifera*, die Weinrebe, sie lebt! Zumal: Heute ist es vor allem der Mensch, der am Weinbouquet schnüffelt und sich begeistert an dem bunten Aromenstrauß, der ihm da entgegenweht. Und Vitis darf sich ziemlich sicher sein: Der Mensch und seine Züchtungsbemühungen werden bis auf Weiteres die größten Garanten für eine fortdauernde Existenz all der Traubensorten sein, aus denen man Wein keltern kann!

Atmen

*Der Wein in der Flasche muss »atmen«
können, deshalb ist der Naturkorken
nach wie vor der beste aller Verschlüsse*

Wenn Sie sich in die Tiefen Ihres Kellergewölbes bege-
ben und Ihr Ohr einmal ganz nah an die dort liegenden
Flaschen führen, dann werden Sie es hören: Ein ganz
flaches, kaum wahrnehmbares Hauchen. Und wenn Sie
einmal ganz genau hinschauen, dann werden Sie ein
zartes Heben und Senken der Flaschenbäuche sehen:
Hurra, es atmet der Wein! Durch den edlen Korken!

Und wenn Sie nix hören? Dann ist er wohl tot. Hat
seinen letzten Atemzug getan. Also wegkippen oder
was? Wie muss man sich das wohl vorstellen? Das mit
dem nicht klein zu kriegenden Mythos von den atmenden Weinflaschen, die im Regal rumlümmeln und
durch den Naturkorken über die Jahre hinweg in tiefen,
langen Zügen Sauerstoff ziehen, wie Müßiggänger in
Oriental Lounges an ihren Shishas.

Um es auf den Punkt zu bringen: Sauerstoff ist generell ein Weinkiller! Schon bei der Reifung im Edelstahltank oder im Holzfass (s. S. 72) jongliert der Winzer auf
einem schmalen Grat. Ein sehr geringes Quantum Sauerstoff ist erwünscht, jedes Zuviel lässt den Wein oxidieren, dann kippt er und ist hin. Was man sich mit dem
bisschen Sauerstoff wünscht, ist, dass der Wein infolge
eines sehr komplexen chemischen Umbauprozesses
farblich und geschmacklich stabiler wird, Gerbstoffe
und Säuren sanfter auftreten und sich komplexere Aromakombinationen entwickeln (Feinoxidation).

Und was soll, was darf dann bei der weiteren Reifung
in der Flasche passieren? Auch auf der Flasche soll er
reifen - langsam, schonend und vor allem - ohne Sauer-

stoff bitte! Der Sauerstoff, den er zur Flaschenreifung benötigt, ist bereits in der Flüssigkeit enthalten (bzw. in den 30 Millimetern Luft im Flaschenhals). Das reicht. Das reicht auch, um beim Roten die etwaigen ruppigen Tannine (Gerbstoffe) weicher zu machen.

Kommt es durch einen Naturkorken (wirklich dichte Naturkorken gibt es nicht) über die Jahre zu einem zusätzlichen Eindringen von Sauerstoff, kann dieser zunächst durch den freien Schwefel (s. S. 137) des Weins geschluckt werden. Ist die Sauerstoffmenge jedoch zu groß, beginnt der Wein seine Farbe zu ändern, fruchtige Aromen gehen in die Knie zugunsten von Tabak- oder Lakriznoten, Essigbakterien zerbeißen alle Finesse, und irgendwann geht's auch dem Alkohol an den Kragen.

Solange sich diese Prozesse im Nano-Bereich halten – kein Problem. Doch überschreitet das »Atmen« einen gewissen Schwellenwert, dann ist im wahrsten Sinne des Wortes Essig mit dem Wein. Wer will das? Keiner! Deshalb war und ist man seit jeher bemüht gewesen, die Pulle dicht zu machen – zur Sicherheit wurde der verkorkte Flaschenhals früher mit Wachs oder Siegellack, mit einer Blei- und später mit einer Alu-Kappe versehen. Angst hatte man. Angst vor Sauerstoff, weshalb man auch die Flasche liegend lagerte, um den Korken am schrumpfenden Austrocknen zu hindern, um ihn feucht und damit dicht zu halten. Denn wenn Wein »atmet«, veratmet er auch seine Flüssigkeit, der Füllpegel sinkt auf eine »tiefe Schulter« – und mit ihm der Wert des Weines.

Champagnerhäuser verlassen sich gerade für ihre zum Teil jahrelang im Keller reifenden Gewächse schon lange auf rappeldichte Kronkorken. Der Naturkorken kommt erst ganz zum Schluss auf die Flasche – weil der Kunde ja schließlich sein Späßchen haben will.

Mittlerweile ist es zudem wissenschaftlich erwiesen, dass die Flaschenreifung auch unter völlig anaeroben Bedingungen mit neuartigen Verschlüssen, zum Beispiel mit einem absolut dichten Schraubverschluss (Stelvin Cap), de facto stattfindet. Wenn Sie also nächstens Ihren Keller betreten und da atmet wer, dann ziehen Sie ihm den Korken aus dem Hals und machen Sie ihm direkt den Garaus. Mehr kann man da nicht machen.

Wein kurios

Atombomben
Den Schummlern auf die Schliche kommen

Man muss schon ziemlich verrückt sein. Nach Wein. Und auch sonst. Und was man noch haben muss, ist Geld. Viel Geld. Denn was Raritätenhändler, renommierte Handels- oder Auktionshäuser ihrem geneigten Publikum hin und wieder anbieten, kann pro Flasche gerne auch mal mehrere Zehntausend Euro kosten. Die Rede ist von antiken Spitzenweinen, rotes (bisweilen auch edelsüßes weißes) Gold in Flaschen, abgefüllt auf legendären Châteaus vor 50, 100 oder auch 200 Jahren. Kollektionen von 24 oder 48 Flaschen aus sagenumwobenen Jahrgängen erzielen auf solchen Auktionen auch schon mal Millionenpreise.

Wo so viel Geld im Spiel ist, da ist die Versuchung groß, in alte Flaschen jungen Wein zu füllen. Gewiefte Fälscher halten den Wein-Zirkus immer wieder zum Narren. Die Wahrscheinlichkeit, als Raritätenfälscher überführt zu werden, war bisher gering. Denn um zu überprüfen, ob der Re-

bensaft wirklich 50 Jahre oder gar älter ist und
nicht erst ein paar Jahre zuvor abgefüllt wurde, bedarf es erstens einer erfahrenen und geschulten
Zunge. Von denen gibt es nicht allzu viele. Und
zweitens muss man die Flasche öffnen. Ist eine
Flasche aber erst einmal geöffnet, kann man sie
nicht mehr verkaufen. So kann man keine Geschäfte machen.

Eine technisch verlässliche Möglichkeit, den
Edelstoff auf sein wahres Alter hin hieb- und stich-
fest zu überprüfen, ohne die Flasche zu öffnen,
gab es nicht. Antike Raritäten zu verkaufen war ein
Roulettespiel. Zu kaufen noch viel mehr.

Schätzungen zufolge liegen bis zu 5 Prozent solcher Fälschungen in den Kellern der superreichen
Raritätenjäger. Seit Neuestem kann Betrügern jedoch das Handwerk gelegt werden. Und zwar mithilfe von Atombomben! Nicht mit denen, die
noch in den Silos der Supermächte vor sich hin
rosten, sondern mithilfe derer, die bereits gezün-
det wurden.

Seit Ende der 40er-Jahre des letzten Jahrhunderts
bis zur Einstellung der Tests 1963 ließen bekanntlich
mehrere Staaten mit zahlreichen Atombombentests (und -abwürfen) die Muskeln spielen. Was neben der Angst vor dem atomaren Untergang stieg,
war vor allem auch die Konzentration eines radio-
aktiven Isotops in der Atmosphäre, des sogenannten Kohlenstoff-14-Isotops (C14). In der Zeit vor den
Atomexplosionen existierte dieses Isotop nicht nur
in einer deutlich niedrigeren Konzentration, sondern auch in einem konstanten Verhältnis zu einem
weiteren Kohlenstoff-Isotop, dem C12. Nach Einstellung der Atombombentests sank die C14-Kon-
zentration entsprechend.

Und weil Weinreben über die Luft auch Kohlenstoff aufnehmen, dokumentieren die Trauben und – viel wichtiger – auch der daraus gemachte Wein das im jeweiligen Jahrgang vorherrschende Verhältnis der beiden Kohlenstoff-Isotope. Auf die Idee, Weine auf eben dieses Verhältnis der Kohlenstoff-Isotope hin zu untersuchen, kam man in Australien an der University of Adelaide. Mithilfe eines Massenspektrometers untersuchte man 20 australische Rotweine unterschiedlichster Jahrgänge seit 1958. Und siehe da: Die Verlaufskurven der Kohlenstoff-Werte in den Weinen entsprachen exakt den Verlaufskurven der vorliegenden atmosphärischen Messungen. So konnte der jeweilige Jahrgang genau bestimmt werden.

Auf einen ähnlichen Indikator, radioaktives Cäsium-137, stützt sich eine Methode, die in Frankreich (Bordeaux) entwickelt wurde. Um eine verdächtige Flasche nicht öffnen zu müssen, entnimmt man mit langen Nadeln durch den Korken einige Tropfen Wein. An der Konzentration von Cäsium-137 kann in einem Kernforschungszentrum dann das Alter des Weines auf das exakte Jahr datiert werden. Findet man gar kein Cäsium-137, muss der Wein folglich aus der Zeit vor den ersten Atombombenversuchen bzw. -abwürfen stammen.

Der modernen Panscherei kann man nunmehr also auf die Schliche kommen.

Barrique

*Der Ausbau im Barrique
ist eine neuartige Mode aus Übersee*

Ja! Und nein! Beginnen wir beim Ja, beim neuartigen
Unfug. Schuld am Unfug waren, wie immer, die Amis.
In den 60ern des letzten Jahrhunderts lernte man in
Kalifornien – unter Anleitung französischer Önolo-
gen – dass sich auch auf amerikanischer Scholle guter
Wein herstellen ließ. Gut geht aber auch besser, dachte
man sich in Kalifornien und machte sich auf den Weg
nach Frankreich, um den alten Meistern über die
Schulter zu schauen. Und was entdeckte man da im
Keller, im Bordeaux? Kleine Holzfässer aus französi-
scher Eiche, sogenannte Barriques. So machte das also
der alte Franzose!

Zurück im »land of the free and home of the brave«,
nahm man sich die Freiheit, flugs aus amerikanischer
Eiche solche kleinen Fässer nachzubauen und tapfer damit zu experimentieren. Mit Erfolg! Grandiose Weine
schwappten da aus Übersee nach Europa. Was jedoch in
Frankreich nur mit den besten Tropfen veranstaltet
wird, entwickelte sich in den USA (und infolge bei einem weiteren Parvenü der neuen Weinwelt, in Australien) in den 80ern und 90ern zu einem unkontrollierba-
ren Boom auch für Massenweine. Irgendwann erreichte
der Oak-Tsunami auch Europa.

Fortan kippte man (weltweit) so ziemlich alles ins
Holzfass, was auch nur ansatzweise nach Wein roch.
Der Grund? Der Konsument glaubte tatsächlich, die
billigen Fruchtbomben mit restlos überladenen vanille-
artigen Röst- und Holzaromen im Supermarktregal
seien gute Weine. Fatal! Verstanden hatte der Konsument die Idee des Holzfasses nämlich überhaupt nicht.

Und damit kommen wir zum Nein! Denn neuartig ist am Barrique überhaupt nichts. In Frankreich setzt man die kleinen Holzfässer schon seit über 200 Jahren für den Ausbau vor allem erstklassiger Rotweine (weniger Weißweine, dann aber schon beim Gärprozess) ein.

Dass Wein nach einer gewissen Zeit im Holzfass an Qualität gewinnen kann, war eine eher zufällige Erkenntnis. In England und in den Hansestädten hatte man festgestellt, dass im Holzfass importierte Bordeaux-Weine haltbarer und geschmacklich runder waren. Mit der Zunahme des Seehandels im 16. Jahrhundert hatte man zudem immer kleinere Fässer entwickelt, die man besser rollen und heben konnte. Bis sich gegen Ende des 18. Jahrhunderts das 225-l-Fass als Norm ergab, was genau einem Viertel des bis dahin gebräuchlichen Tonneaus mit 900 Litern entsprach. Benannt ist das Barrique angeblich nach den Barrikaden der Juli-Revolution von 1830, die man u. a. aus mit Erde gefüllten Fässern aufbaute.

Im Barrique ist die Holzoberfläche im Verhältnis zum Wein vergleichsweise groß, d. h. Sauerstoff dringt durch die Fasswandporen und beschleunigt den Reifungsprozess (die Weine werden runder, komplexer und aromatischer). Auch die Holz- bzw. Toastaromen der mehr oder auch weniger stark ausgeflämmten Fässer können in recht hoher Konzentration an den Wein abgegeben werden. Eine solche Behandlung halten aber nur kräftige, tannin-, extrakt- und alkoholreiche, lagerfähige Weine aus. Und viele dieser Weine benötigen anschließend noch eine ganze Weile auf der Flasche, um die Fassaromen ein wenig abzubauen und einzubinden in das Aromenspiel des Weins.

Nicht ganz so robuste Weine vertragen dementsprechend nur eine kurze Zeit im Barrique, holen sich nach dem Edelstahltank nur noch ein letztes Finish auf dem

Holz. Andere halten 12, 24 oder gar 48 Monate aus. Flachbrüstige Kandidaten aber brechen unter der Holzwucht kommentarlos zusammen (s. S. 72).

Kostspielig ist die ganze Angelegenheit außerdem. So ein Barrique mit französischer Eiche kostet 600 bis 1000 Euro. Und schon nach dem ersten Gebrauch sind bis zu 80 Prozent der Holzaromen futsch. Spätestens nach dem dritten Einsatz ist ein solches Fass ausgelutscht. Das lohnt nur für gute Weine.

Für einfache Weine hat man zudem billigere Alternativen: Holzchips! Das geht auch. Der Kunde bekommt für sein Geld halt immer, was er verdient!

Bio-Wein

Bio-Weine schmecken besser

Gut gemeint ist nicht immer auch schon gut gemacht! Wer sich schon einmal im Weinregal radikaler Öko-Fundis vergriffen hat, der begreift schlagartig, welche Grausamkeit sich hinter dem Begriff »Fehltöne« verbergen kann. Oder dass die Richterskala für das Geschmacksempfinden »sauer« nach oben durchaus Luft hat.

Der Verzicht auf tonnenschweren Einsatz von Herbiziden, Fungiziden, Pestiziden und chemischen Düngern im Weinberg allein reicht eben nicht, um einen galanten Gaumenschmeichler zu erzeugen. Es entscheidet neben der Lage eben auch die Arbeit des Winzers am Gärbottich über die Qualität des Endproduktes. So wie es für ein Sternenmenü nicht reicht, in der Küche Bio-Produkte anzuliefern, wenn da ein Stümper oder Ideologe im Topf den Löffel rührt.

Wie in den Anfangsjahren der Bewegung in den 60ern und 70ern gibt es auch heute noch Öko-Winzer, die nur mittelmäßige oder gar minderwertige Weine für eine dankbare Ideologenklientel produzieren, die glauben, dass Fehltöne ein Zeichen für Natur und Lebendigkeit seien. Solcherlei Kundschaft isst aus Überzeugung auch gammelige Bananen. Die Weine dieser Ideologenklientel fallen bei Blindverköstigungen aber regelmäßig durch.

Umgekehrt hat im konventionellen Bereich die Technologie- und Chemiegläubigkeit der ersten Nachkriegsjahrzehnte vor allem bei Qualitätswinzern deutlich an Spannkraft verloren. Denn die Chemiekeule hat im Wesentlichen tote, von allem Leben entvölkerte und restlos impotente Böden hinterlassen. Solchem Saharasand kann man irgendwann nur noch mit immer mehr Chemie irgendeine Leben spendende Kraft abringen.

Abgesehen von den meisten Massenweinproduzenten, deren Flaschen für den billigen Jakob im Discounterregal stehen, hat sich infolgedessen bei vielen Qualitätswinzern im mittleren und gehobenen Preisniveau ein mindestens naturnaher Weinanbau durchgesetzt. Einige sind auch komplett zur Öko-Fraktion übergelaufen. (Allerdings nur wenige: In Deutschland gerade einmal 3 Prozent der Fläche.)

Dass dies alles nicht zum Ramschpreis geht, liegt auf der Hand: Ohne auf die feineren oder auch gröberen Unterschiede zwischen »naturnah«, »integrierter Produktion«, »biologisch-organisch« oder »biologisch-dynamisch« einzugehen: Die Arbeit im Bioweinberg schlägt mit bis zu 30 Prozent mehr zu Buche. Und der Verzicht auf die vielen kleinen Helferlein und die ein oder andere Großtechnik im Weinberg und -keller macht das Leben auch nicht einfacher. Dafür muss der Kunde zahlen.

Dass man mit Bioweinbau auch grandiose Weine produzieren kann, wenn die Lage stimmt und der Winzer sein Handwerk versteht, belegen Weingüter aus der ersten Garde: Ob Leroy und Comtes Lafon im Burgund, ob Pontet-Canet im Pauillac oder Reichsrat von Buhl in der Pfalz – da schnalzt die Zunge.

Viele der Top-Biowinzer betreiben sogar die biodynamische Hardcore-Variante nach Rudolf Steiner. Ein Mann der ersten Stunde war Nicolas Joly an der Loire, der missionarisch seit gut vierzig Jahren für die Demeter-Biodynamik wirbt – und dessen Couleé de Serrant zum Erlesensten zählt, was Chenin Blanc in Flaschen bieten kann (jedenfalls bestimmte Jahrgänge), leider auch preislich. Viele dieser Bio-Top-Weingüter zeichnen ihre Weine aber nicht einmal als Bio-Weine aus. Sie setzen allein auf die Überzeugungskraft ihres Produktes. Und das reicht.

So ist das Bild vom Öko-Wein nicht einheitlicher als beim konventionellen. Und so gilt auch hier, wenn man nicht auf die exquisiten Spitzenweine mit ihren bisweilen exquisiten Spitzenpreisen setzen will oder kann, wie beim konventionellen Wein: probieren, probieren, probieren! Und sich selbst nix in die Tasche lügen.

Bocksbeutel

Der Bocksbeutel ist ein genialer PR-Gag

Dass man eine Verpackung automatisch mit ihrem Inhalt identifiziert, dürfte Marketing-Strategen als die größte aller Großtaten ihrer Zunft gelten. Der Bocksbeutel, also die flache, seitlich ausgebauchte, gedrungene Frankenweinflasche dürfte ein solcher Jubelfall

sein. Nichts steht so PR-trächtig für besten Franken-
wein wie seine grünglasige Verpackung.

Ausgerechnet die ist aber keine moderne PR-Erfin-
dung. Der Bocksbeutel ist einfach ein regionaltypischer
Sonderling unter den ansonsten eher monotypen Wein-
verpackungen. Und er stammt aus einer Zeit, in der
man mit neudeutschem Marketing-Denglisch noch so
überhaupt nichts anfangen konnte. Erstmals abgebildet
wurde die Franken-Pulle nämlich Ende des 16. Jahrhunderts. Auf einem Relief des Würzburger Juliusspitals.

Und was schwebte wohl jenem ersten fränkischen
Glasbläser vor Augen, als er erstmals einen Bocksbeutel
in Form blies? Vermutlich der Hodensack seines Ziegenbocks. Denn des Ziegenbocks wertvollster Beutel
wurde seinerzeit in natura bereits gerne als Transport-
gefäß für Flüssigkeiten genutzt – natürlich erst nach
Ableben des meckernden Besitzers und nach entspre-
chender gerbender Vorbehandlung.

Vielleicht ist der Bocksbeutel aber auch dem »Bücherbeutel« der Mönche nachempfunden, den man niederdeutsch »Bockesbeutel« nannte. Vielleicht diente die
beutelartige Form der Flasche gar dem Ansinnen, den
auch bei den Männern Gottes sehr beliebten Wein in
eben diesem »Bücherbeutel« unauffällig, weil in Form
dem Bücherbeutel ähnlich, unterbringen zu können.

Auch die Hose, die »Bugs« fränkischer Landsknechte,
steht spekulativ auf der Liste der Erklärungen. Alles ist
nachvollziehbar, irgendwie. Und zumindest Klosterle-
ben und Kriegshandwerk haben eines gemeinsam: Beides ist nüchtern kaum zu ertragen.

Boden

*Ein fruchtbarer Boden
garantiert einen guten Wein*

Weinreben sind von Haus aus charakterlose Opportunisten. Die können mit jedem! Und überall. Karger Boden, nährstoffarm, Frost? Kein Problem! Rappeltrocken und unerträgliche Hitze? Auch kein Problem. Weinreben nehmen es, wie es kommt. Und käme es dicke, wie in fetten, fruchtbaren Böden – Nährstoffe, Wasser, Mineralien bis zum Abwinken –, würden sie das machen, was alle machen: sich bedanken und in die Breite gehen. Nein falsch, in die Höhe. Weil: Weinreben sind Kletterpflanzen, die kommen aus dem Wald, ursprünglich. Deshalb wollen sie lieber nach oben, am Baum hoch, 20 Meter wenn's sein muss. Hoch zum Licht, Photosynthese machen.

So denken Weinreben.

Winzer denken anders. Die wollen Trauben. Die wollen keine 20 Meter hohen Ranken und keine Ruten und keine Blätter, jedenfalls nicht zu viel davon. Weil: Aus Ranken und Blättern kann man keinen Wein machen. Also schneiden die Winzer den Reben die Blätter, die Ranken und Ruten ab. Weitestgehend jedenfalls. Alles was die Rebe aus Licht und Luft, Boden und Wasser zieht, soll sie in die Trauben stecken.

So denken Winzer.

Dem gleichen Prinzip folgend – alles für die Trauben, alles für den Wein – setzen sie ihre Rebstöcke deshalb auch gerne in Böden, die eher mager und steinig sind. Denn ein Zuviel an Nährstoffen würden die Weinreben eben in Ranken und Blätter investieren. Die wiederum beschatten die Trauben, die dann nicht richtig ausreifen. Weine aus nicht gereiften Trauben schmecken nicht. Das Nährstoffangebot soll also gerade eben so reichen: Zum Sterben zu viel, zum Leben gerade genug – eine künstlich verordnete Nährstoff-Diät.

Das Gleiche gilt für Wasser: Gibt man ihnen reichlich Wasser, das womöglich auch noch lange im Boden gespeichert wird, geht die ganze Kraft ebenfalls in Blätter und Triebe. Auch hier gilt: nicht zu viel und nicht zu wenig. Und am besten ist es, wenn die Weinrebe auch noch richtig arbeiten muss, um ihren Durst zu stillen: Je tiefer das Wasser in den Boden sinkt, desto mehr muss die Weinrebe sich anstrengen, die Wurzel tief in den Boden zu schlagen (10 oder auch 15 Meter). Hier holt sie sich dann nicht nur das Wasser, sondern vor allem Mineralstoffe und Spurenelemente. Und die will der Winzer im Wein haben, weil man damit besseren Wein erzeugen kann. Vielschichtiger und subtiler werden solche Tropfen in der Regel.

Im eher regenreichen Norden liebt man deshalb Böden mit einer guten Drainage (zum Beispiel Schieferböden an der Mosel, Kiesboden im Médoc). Zumal oberflächennahe Staunässe wegen des damit einhergehenden Sauerstoffmangels zum Absterben der Wurzeln führen kann. Im eher trockenen Süden sollte umgekehrt die Speicherfähigkeit des Bodens ausreichen, den wenigen Niederschlag möglichst über den Sommer speichern zu können.

Wein anzubauen folgt also nicht der Devise des »je mehr, desto besser«. Beim Weinanbau erweist sich vielmehr erneut die Tragweite des vordergründig unattraktiven Lebensprinzips, demzufolge manchmal weniger durchaus mehr sein kann.

Bordeaux-Klassifikation

*Die Bastion der berühmten
Bordeaux-Klassifikation –
und ihre erfolgreiche Erstürmung*

Die meisten Crus classés des Bordeaux gehören
zweifelsfrei zur Königsklasse großer, feiner, langle-
biger Weine. Und das seit über 150 Jahren. Was
schon ein wenig seltsam anmutet, wenn man sich
vor Augen hält, unter welchen Umständen und
nach welchen Kriterien die berühmte Klassifikation der besten Bordeaux-Weine im Jahre 1855 das
Licht der Welt erblickte.

Schuld an der Klassifikation war die Welt-
ausstellung in Paris im Jahr 1855. Napoleon III.
gedachte das berühmteste Weinanbaugebiet der
Welt eben jener Welt in einem geordneten Zustand
zu präsentieren. Zwar gab es bereits mehrere Klassi-
fikationen, doch denen fehlte der offizielle Charakter, es fehlten die höheren Weihen.

Wer sich da auftragsgemäß im Folgenden an
die offizielle Qualitäts-Rangliste machte, waren
allerdings keine Verköstigungsteams, sondern
Makler. Makler makeln. Und der entscheidende
Referenzwert für Makler ist Geld. Also wurde
weniger verköstigt, als vielmehr der Preis gemit-
telt, den die besten Châteaus in den letzten ca.
100 Jahren erzielt hatten.

Das Ende vom Lied war eine Klassengesellschaft
von insgesamt 61 führenden Châteaus im Médoc
und Graves, die man in fünf Stufen organisierte.
Die im Mittel teuersten vier Weine und ihre Hersteller erhielten den Elite-Status der Premiers Crus
(Erste Gewächse), alle anderen wurden abstei-

gend bis hinunter zu den Cinquièmes Crus (Fünfte Gewächse) eingeordnet.

Diese am Preis orientierte Einteilung war weder neu noch dumm. Denn hohe Preise am Markt erzielt nur, wer auch entsprechende Qualität liefert. Und die nunmehr durch die offizielle Klassifizierung hergestellte Garantie für Hochpreise versetzte die meisten Weingüter auch in den folgenden über 150 Jahren in die Lage, hohe Standards zu garantieren und notwendige Investitionen zu stemmen. Und das, obwohl bis auf zwei Châteaus (Mouton-Rothschild, Léoville-Barton) die Besitzer aller Weingüter seit 1855 teils mehrfach wechselten.

Natürlich kam die Klassifikation der Erteilung eines Privilegs gleich. Und das wurde seit 1855 vom Kartell der Privilegierten eisenhart verteidigt. Mit der Folge, dass heute einige Weingüter der unteren Klassen genauso gute Weine wie die der ersten Klasse produzieren, ohne dort aufgenommen zu werden (einige tauchten allerdings auch in die Belanglosigkeit ab). Irgendwann verdichtete sich – auch deshalb – der Eindruck, die Einteilung sei für die Ewigkeit gemacht. Jedenfalls scheiterten alle Versuche, innerhalb der Ordnung Platzierungen zu ändern. Alle? Nicht ganz. Zwei Ausnahmen bestätigen in diesem Fall die Regel.

Als Erste machte sich Caroline de Villeneuve-Durfort von Château Cantemerle auf den Weg, den grauenhaften Fauxpas glattzubügeln, dass Cantemerle in den ersten Dokumenten der Klassifikation von 1855 überhaupt nicht auftauchte. Die Dame überzeugte. Einige Monate später erhielt das Château einen handschriftlichen Eintrag in der fünften Klasse.

Der Zweite war Baron Philippe de Rothschild (1902–1988), der Château Mouton-Rothschild mit dem nicht hinnehmbaren historischen Makel geerbt hatte, lediglich einen Platz im zweiten Rang, bei den Deuxièmes Crus, erhalten zu haben. Das war zweite Liga. Und das war nicht akzeptabel. »Erster kann ich nicht sein, Zweiter mag ich nicht sein, Mouton will ich sein«, war dementsprechend das stolze Credo von Philippe de Rothschild.

Mit unglaublicher Hartnäckigkeit bearbeitete er fortan Weinbehörden, Ministerien und Weinbauvereinigungen. Und mit Fantasie, Umtriebigkeit, einem Sinn für Innovation und vor allem mit erstklassigen Weinen gelang ihm schließlich, was nicht für möglich gehalten wurde. Philippe de Rothschild stürmte die für uneinnehmbar gehaltene Bastion: 1973 rückte Mouton in die erste Liga der Premiers Crus auf.

»Die Abänderung der berühmten, als unveränderlich geltenden Klassifizierung von 1855 zu erreichen, entspricht in etwa der Tat des Herkules, der die goldenen Äpfel von den Hesperiden holte«, kommentierte der Schriftsteller Jaques Lamalle später diese denkwürdige Leistung. »Erster bin ich, Zweiter war ich, Mouton verändert sich nicht«, konnte Baron Philippe fortan stolz verkünden.

Champagner

*Der blinde Benediktinermönch Dom Pérignon
hat den Champagner erfunden*

»Dom Pérignon« heißt das Flaggschiff des Champagner-Hauses Moët & Chandon. 1936 wurde die aus Pinot Noir und Chardonnay hergestellte Prestige-Cuvée in der dunkelgrünen, dem Stil des 18. Jahrhunderts nachempfundenen Flasche eingeführt. Es ist die wohl berühmteste und mit am meisten verkaufte Luxus-Cuvée überhaupt.

Benannt ist sie nach jenem Benediktinermönch, der gemeinhin als Erfinder des Champagners gilt: Dom Pérignon (1638–1715). Der ist Legende: Kaum eine technische Innovation in der Champagnerherstellung, die nicht auf den blinden Benediktinermönch zurückgehen soll. Den Flaschenkorken soll er eingeführt haben, die Flaschengärung und damit das prickelnde Schäumen sollen ebenfalls auf seine Kappe gehen. »Freunde, ich trinke Sterne«, soll er mit dem ersten Schaumwein auf der Zunge begeistert ausgerufen haben.

Und das ist mit an Sicherheit grenzender Wahrscheinlichkeit alles Quatsch. Vermutlich war er nicht mal blind. Vor allem aber: Das charakteristische Schäumen hat er – im Gegenteil – versucht mit allen kellertechnischen Tricks zu verhindern. Was Dom Pérignon nämlich anstrebte, war die Herstellung eines qualitativ hochwertigen Weißweins – ohne jede Prickelei. Und damit hatte er in jeder Hinsicht genug zu tun.

Als Pierre Pérignon mit 29 Jahren Prokurator der königlichen Abtei Saint-Pierre d'Hautvillers wurde, lag die Weinbereitung aus den Trauben der eigenen Weinberge und des in Form des Zehnten gelieferten Leseguts der umliegenden Gemeinden nämlich am Boden. Der zweifelsfrei nachgewiesene Verdienst von Dom Pérignon bestand nun darin, die gesamte Weinbereitung der Abtei konsequent auf Qualität zu trimmen.

Vor allem entwickelte er die Kunstfertigkeit, aus den besten Lagen, Traubensorten und Mosten den geschmacklich besten Verschnitt zu entwickeln – bis heute eine der wichtigsten Voraussetzungen für einen hochwertigen Champagner. Mit Erfolg. Der (stille) Wein aus der Champagne erfreute sich schon zu Lebzeiten Pérignons zunehmender Beliebtheit, selbst in Siam und Surinam.

Eins seiner größeren Probleme: die Fasslagerung. Im Fass verloren seine Weine an Aroma, wurden müde. Also forcierte Dom Pérignon das frühe Abfüllen seiner Weine in Flaschen – mit explosiven Folgen. Allzu oft fand in der Flasche nämlich ungewollt das statt, was man heute gezielt mithilfe von Zucker und Hefen provoziert: eine Nachgärung! Die in Frankreich seinerzeit gebräuchlichen Flaschen hielten dem Druck der so entstehenden Kohlensäure jedoch oft nicht stand – und flogen den Händlern und Kunden krachend um die Ohren. Ein Desaster, das zu verhindern sich Pérignon alle nur erdenkliche Mühe gab!

Die Initialzündung fürs gewollte Schäumen ging von einem ganz anderen Land aus: England. Hier gab es im Gegensatz zu Frankreich bereits vor dem Amtsantritt von Dom Pérignon eine ausgeprägte Lust am sprudelnden Schaumwein – als Ergebnis eines Zufalls: Die Engländer hatten zu jener Zeit bereits stabilere Flaschen, in die sie den noch ziemlich unausgegorenen Wein der Champagne abfüllten. Im Frühling setzte dann mit zunehmenden Temperaturen erneut die Gärung ein. Aus den mit einem Knall geöffneten Flaschen floss prickelnder und schäumender Champagner.

England war auch das Land, in dem man mit der zweiten Gärung künstlich zu experimentieren begann, was aus einem Dokument des Jahres 1662 hervorgeht – sechs Jahre bevor Dom Pérignon sein Amt antrat! Und während man in Frankreich den Wein noch mit ölgetränkten Lumpen verschloss, kannten die Engländer bereits den festen Korkverschluss vom Verschließen ihrer Bierflaschen.

England hin, England her: Dom Pérignon gebührt ob seiner Leistungen gleichwohl ein Ehrenplatz in den Geschichtsbüchern der Önologie. Und das ist für ein Mönchlein, das selbst angeblich niemals Wein trank, eine erstaunliche Leistung!

Wein kurios

Champagner

Der gnadenlose Feldzug der Champagne gegen den Rest der Welt

Sie kartätschen alles nieder, die Rechtsvertreter des Comité Interprofessionnel du Vin de Champagne (CIVC), des Verbandes der Champagnerhersteller! Auf den Fahnen, die eine Heerschar von Anwälten in die Schlachten vor Gericht führt, steht geschrieben: für Exklusivität und Rechtsschutz der Herkunftsbezeichnung – gegen Beliebigkeit, Namensklau und Banalisierung! Wo Champagner drauf steht, soll auch Champagner drin sein. Wer sich also der Ursprungsbezeichnung Champagne widerrechtlich bedient, darf mit einer ziemlich humorlosen juristischen Reaktion aus Frankreich rechnen.

Das streng geschützte EU-Markenrecht ist der Grund dafür, warum Schaumweine, auch wenn sie nach der Méthode champenoise hergestellt sind, sich nicht Champagner nennen dürfen, sondern Sekt (Deutschland), Crémant (aus anderen Gegenden Frankreichs), Spumante (Italien) oder Cava (Spanien).

Doch der Verband der Champagnerhersteller dehnt seit jeher das Markenrecht auch auf Produkte aus, die mit Schaumwein nichts oder nur wenig zu tun haben, deren Hersteller aber glauben, sich mit dem Glanz des Luxusgetränkes schmücken zu dürfen. Und davon gibt es mehr als genug. Ob Rasierwasser, Seife, Zigarren, Waschpulver, Gebäck oder Tafelwasser – alle wollen von der prickelnden Glorie profitieren.

Seit Jahrzehnten macht der französische Staat gerne auch die Ratifizierung bilateraler Verträge von der Anerkennung des französischen Herkunftsrechts abhängig. Mit Deutschland bot sich nach dem Ersten Weltkrieg die Gelegenheit, im sogenannten Champagnerparagraphen des Versailler Vertrages dem unterlegenen Kriegsgegner eine solche Anerkennung aufzubrummen. 1960 trat ein neues deutsch-französisches Abkommen über den Schutz von Herkunftsangaben in Kraft.

EU-Markenrecht und bilaterale Verträge, das sind die Waffen, mit denen die Juristen seit Jahrzehnten in die Bataillen ziehen, nicht selten vor höchstrichterlicher Instanz wie dem Bundesgerichtshof. Und das in der Regel sehr erfolgreich:

Ein »Champagner Weizenbier« von Löwenbräu, ausgeschenkt in einer bayerischen Wirtschaft und beworben mit Aufstellern? Beklagt und vom BGH 1969 untersagt! Ein Computerhändler wirbt mit dem Slogan: »Champagner bekommen – Sekt bezahlen: IBM Aptiva jetzt zum ...-Preis!«? Beklagt und 2002 vom BGH verboten! Perrier wirbt in

Deutschland mit dem Slogan: »Ein Champagner unter den Mineralwässern«? Vom BGH vereitelt.

Besonders lange hat sich ein schwäbischer Gastwirt und Hersteller eines Birnenschaumweines mit den französischen Gralshütern herumgeprügelt. Sein »Birnenschaumwein aus der Champagnerbratbirne« beschäftigte mehrere Instanzen, bis auch hier der BGH 2005 entschied, dass das Markenrecht höher zu werten sei als die Tatsache, dass die betreffende Birne in Württemberg nun mal Champagnerbratbirne heiße – und das seit immerhin über 150 Jahren. Seither nennt der Gastwirt seine Spezialität »Brut Birnenschaumwein«.

Ähnliches fand in der Schweiz statt. In dem seit dem 9. Jahrhundert bestehenden waadtländischen Dorf namens Champagne stellten nicht nur 40 Winzer einen »Vin de Champagne« her, sondern seit 1934 auch eine Bäckerei Salz-Sesam-Stängel namens »Flûtes de Champagne« sowie ein Apérogebäck namens »Recette de Champagne«. Bis die französischen Anwälte kamen. Anschließend mussten die Winzer 2004 den Namen »Vin de Champagne« aufgeben, die Bäckerei darf den Namen ihres Dorfes nur noch im Herkunftsnachweis mitteilen.

Und so ging und geht es immerfort. Ob Yves Saint-Laurent und sein Champagner-Parfüm oder ein Waschmittel namens »Mousse de Champagne« oder der Markenname eines Berliner Gastronomen, der »Currywurst & Schampus« auch namensrechtlich attraktiv fand – sie kämpfen alles nieder, die Anwälte der CIVC.

Es geht um die Verteidigung des guten Namens, der luxuriösen Leichtigkeit des französischen Seins. Dass die Verteidigung von kulinarischem Luxus in Frankreich einen so hohen Stellenwert in-

nehat, mag in Deutschland irritieren. Im Geiz-ist-
geil-Land trinkt man ja auch nur ein Drittel einer
Flasche pro Kopf und Jahr. In Frankreich sind es
vier Flaschen pro Kopf und Jahr.

Andererseits: 2008 wurden die strengen Grenzen der Champagner-Anbaugebiete, die den hohen Qualitätsstandards genügen, einfach um 40
weitere Gemeinden erweitert. Das war ein wenig
nonchalant. Doch was soll man machen? Die Chinesen haben ungeheuren Durst! Auf Champagner.
Aus der Champagne. Ein bisschen ums Geld
geht's dann also doch.

Connaisseurs

Professionelle Connaisseurs
sind verlässliche Weintester

Hochachtung, wenn nicht gar Ehrfurcht empfindet der
gemeine Weinlaie angesichts der legendären Fähigkeit
professioneller Weinverköstiger, Traubensorten, Jahrgang, Weingut, ja sogar Lage allein durch Schnüffeln
und Schmatzen bestimmen zu können. Und zwar blind,
also ohne jeglichen Hinweis zu den degustierten Weinen.
Sind eben geschulte Nasen. Beschäftigen sich ja auch
den ganzen lieben Tag mit nichts anderem als Wein.

Und sie sitzen weltweit in unzähligen Kommissionen
und Verköstigungsteams, die über die Vergabe von Medaillen zu Gericht sitzen, für einflussreiche Zeitschrif-
ten Weinempfehlungen aussprechen oder als Stars der
Szene individuelle Weinbewertungen vornehmen.

Und sie sind mächtig. Denn eine Medaille auf einer
der renommierten Weinprämierungen zu erhalten, 90

oder mehr Punkte vom Weinguru Robert Parker aus Maryland oder drei Sterne im »Großen Johnson«, kommt für das betreffende Weingut nicht selten der Lizenz zum Gelddrucken gleich. Solche Strukturen betonieren den Mythos vom virtuosen Verköstigungsprofi.

Doch in der Profiszene weiß man es (ein Blick ins renommierte Oxford Weinlexikon genügt) und peinliche Untersuchungen belegen es: Es ist mitunter reiner Zufall, der darüber bestimmt, welcher Wein prämiert wird oder hohe Punktzahlen abräumt. Der Grund liegt auf der Hand: Es ist der menschliche Faktor.

Zunächst: Geschulte Zungen können natürlich einen guten von einem schlechten Wein unterscheiden, einen vielschichtigen von einem einfachen – und das unabhängig von persönlichen Vorlieben. Je eingeschränkter die Anzahl und die Machart bzw. die Herkunft der verköstigten Weine ist, desto höher die Trefferzahl, was Traubensorten oder gar Jahrgang betrifft, desto einhelliger auch die Meinung professioneller Bewertungsteams hinsichtlich der Qualität.

Doch erstens ist nicht jeder Weinprofi, der in solchen Kommissionen sitzt, gut. Im Rahmen einer Blindverköstigung schummelte man den Mitgliedern einer altehrwürdigen amerikanischen Weinkommission, die alljährlich über eine prestigeträchtige Medaillenvergabe befindet, zu unterschiedlichen Zeitpunkten dreimal den gleichen Wein in eine stattliche Reihe zu begutachtender Weine. Das Ergebnis: 10 Prozent der Weinnasen schwankten in der Beurteilung derart extrem, dass sie beim ersten Glas des besagten Tropfens eine Goldprämierung vornahmen, einige Weingläser später aber dafür plädierten, den gleichen, erneut eingeschenkten Tropfen der Restmüllentsorgung zu überführen. 80 Prozent beurteilten ihn mal mehr, mal weniger gut. Und nur 10 Prozent waren in der Beurteilung konsequent und gleichbleibend. Aber keiner merkte, dass er da dreimal den gleichen Wein verköstigt hatte!

Über die Qualität der Weinprofis und ihrer Medaillen kann man also nachdenken. Doch selbst die guten Connaisseurs unterliegen Einflüssen, die ihr Urteil trüben können und die sie kaum ausschalten können. Luftfeuchtigkeit oder Luftdruck können die Wahrnehmung ebenso beeinflussen wie die Tagesform: Wer erschöpft ist, produziert weniger Speichel, der wiederum Substanzen enthält, die normalerweise die Geschmacksintensität von Flüssigem und Feststofflichem entschärfen. Das Gehirn verarbeitet zudem die Signale der für Sinnesreize zuständigen Rezeptoren je nach Gemütslage völlig unterschiedlich. Und nicht zuletzt führt auch die Abfolge mehrerer Weine zu einer wechselseitigen Beeinflussung der Wahrnehmung.

Last but not least übersteigt die schiere Anzahl der im Rahmen einer Weinbeurteilung verköstigten Weine schlicht und einfach die physiologischen Fähigkeiten der Degustatoren – egal wie erfahren sie auch sein mögen. Bis zu 200 Weine werden da an einem Tag im Rahmen solcher Degustationsmarathons durch die Gläser gejagt. Irgendwann sind die Rezeptoren der Supernasen blockiert, verstopft und verklebt. Die gesendeten Signale sind mithin ein ziemlicher Datenkauderwelsch getrübter Sinne. Es gibt Weinprofis, die aus diesem Grund die Anzahl täglich zu beurteilender Weine auf 30 beschränken. Die ganz lauteren machen bei 12, höchstens 15 Pröbchen Schluss.

Was also tun als einfacher Weinkonsument? Man sollte den Weinempfehlungen und all den hübschen Medaillen auf den Flaschen nicht allzu ehrfürchtig begegnen. Ob einem die Goldmedaille wirklich schmeckt, muss man sowieso selbst herausfinden. Einfach so. Oder im Rahmen einer privaten Blindverköstigung mit vergleichbaren Weinen ohne Medaille. Aber machen Sie es besser als die Profis: Muten Sie sich nicht zu viel zu, begutachten Sie höchstens sechs Weine! Sechs geht. Das schaffen selbst ungeübte Zungen.

Dekantieren

Wein gewinnt in der Karaffe an Qualität

Es ist ein umstrittener Ritus, das sogenannte Dekantieren, also das Umfüllen einer Flasche Wein in eine dickbauchige Karaffe. Und es geistern die unterschiedlichsten Glaubensbekenntnisse durch die Gemeinde der Wein-Laien, der Connaisseurs und vor allem der önologischen Wichtigtuer. Einig sind sich alle Gemeindemitglieder lediglich darüber, dass man sich nicht einig ist.

Den Begriff kennt man eigentlich aus der Laborchemie, wo Dekantieren den profanen Vorgang bezeichnet, feste Stoffe von flüssigen zu trennen. Auf Wein übertragen, bezeichnet Dekantieren also zunächst einmal den Vorgang, das unangenehm kristalline und grieselig-sedimentartige Depot (s. S. 45) vom Wein zu trennen. Depot ist das Markenzeichen extrakt- und tanninreicher (meist ungefilterter) roter Brüder. Depot schmeckt nicht. Insofern macht in diesen Fällen Dekantieren Sinn.

Technisch vollzieht sich der Vorgang durch das vorsichtige Umgießen, wobei nach Möglichkeit unter den Flaschenhals eine Lichtquelle, zum Beispiel eine Kerze, platziert werden sollte, um durch das gefärbte Glas der Flasche sehen zu können, wann sich das dunkle Depot in die Karaffe zu schummeln droht. Einen anderen Sinn, etwa das Erwärmen des Weines, hat die Kerze nicht. So viel zur reinen Lehre.

Kann man komplett kippen, die Nummer mit dem Depot, rufen da die Anhänger einer unprätentiösen Weinkultur häretisch dazwischen. Es reicht, die betreffende Flasche ein paar Stunden, ggf. ein, zwei Tage vor dem Öffnen hinzustellen, damit sich das Depot am Flaschenboden absetzen kann. Alles Weitere erledigt sich mit einem feinen Sieb, das man beim Eingießen des letzten Schluckes über das Glas hält.

Könnte man über die liturgische Verwendung von Sieb oder Karaffe vielleicht noch eine befriedende Ökumene herstellen, zerfällt die Gemeinde über den zweiten Glaubenssatz in sektenartige Unübersichtlichkeit. Der zweite Glaubenssatz besagt, dass während des Umfüllens und über die große Oberfläche in der großbauchigen Karaffe der Sauerstoff auf den Wein einwirken kann. Doch was macht der Sauerstoff mit dem Wein? Die Leichtgläubigen behaupten, so würde sich jeder (!) Wein »öffnen«, vor allem die 10 oder 20 Jahre alten roten Senioren. Der Wein würde weicher, runder, seine Aromen würden wie Weihrauch die Kathedrale des höchsten Weingenusses füllen.

Jeder Wein? Da zucken die Häretiker zusammen, als würden sie dem Teufel persönlich gegenüberstehen, und führen ihre weltliche Erfahrung ins Feld: Ausgerechnet für die guten Alten kommt die Karaffe einem Scheiterhaufen gleich! Die Alten haben dem Sauerstoff nämlich nichts mehr entgegenzusetzen, die reaktionsfreudigen Tannine sind während der Flaschenreifung nahezu abgebaut, der alte Wein oxidiert unter der Keule des Sauerstoffs, sinkt in sich zusammen wie nach einem Schlaganfall. Die Karaffe ist ein Seniorenkiller! Bei Alten gilt: aus der Flasche ins Glas! Und nicht lange fackeln: Nach ein, zwei Stunden muss der Wein verputzt sein. Und überhaupt: Nicht allein die alten, nein, gut 90 Prozent aller Weine brauchen keine Karaffe. Und vor allem: Schlechte Weine bleiben auch in der Karaffe schlechte Weine!

Aber für die kräftigen, tanninreichen, noch etwas zu jungen Rotweine sei die Karaffe ein echtes Allheilmittel, melden sich die Messdiener am Kelch des Abendmahls zu Wort. Weine, die eigentlich noch Zeit brauchen, in der Flasche zu reifen, kann man über das ein-, zweistündige oder noch längere Dekantieren schon vor ihrer Zeit genießbar machen. Tannine und Säure verlieren so ihren Biss, die Weine machen dann auch jung schon sehr viel Freude. Hier entfaltet sich die segensreiche Kraft der Karaffe. Und was man nicht zu glauben wagt: Hier sind sich ausnahmsweise mal alle Gemeindemitglieder einig! Halleluja!

Der Ruf versprengter Protestanten, die drohend den Finger heben und darauf hinweisen, dass so manch zu früh geöffneter Bordeaux in der Karaffe noch härter und ungenießbarer werden könne und dass eine vor ihrer Trinkreife geöffnete Flasche vor allem eins sei: sündigster Babymord!, verhallt weitestgehend ungehört.

Vom Altar der Hochgenüsse ruft uns noch ein versprengtes Häuflein Katecheten zu, dass nicht allein Rotwein, sondern auch mancher Weißwein des Dekantierens würdig sei! In der Tat: Vor allem große, gehaltvolle, aber noch sehr junge, also zwei bis drei Jahre alte Rieslinge zeigen sich in diesem Alter noch verschlossen wie Fort Knox. Da hilft es enorm, sie in der Dekantierkaraffe für ein bis zwei Stunden (oder länger) in den Kühlschrank zu stellen. Allerdings sollte es ein Getränkekühlschrank sein, sonst schleicht sich ein Hauch von Munsterkäse oder Knoblauchwurst ins weiße Gewächs.

Wem nun als einfachem Weinkonsument trotz aller Erläuterungen die ganze Dekantierdebatte zu akademisch erscheint, sollte sich im Zweifel einfach an den Hohepriester seines Sprengels wenden: seinen Weinhändler. Der sollte es von Regal zu Regal und von Flasche zu Flasche wissen. Wissen! Und nicht glauben.

Depot

Bodensatz in der Flasche ist ein Hinweis
auf einen fehlerhaften Wein

Da stürzt man sich in Unkosten und gibt mal für einen Wein mehr aus als für den üblichen Alltagswein aus dem Discounter, lässt sich so einen richtig alten, gereiften roten Tropfen aus dem Bordeaux andrehen, von einem richtigen Weinhändler – und dann das: Trübe, schwarze Schwebstoffe, verdreckte Kristallklumpen laufen da aus der Flasche ins letzte Glas. Widerlich!

Auch wenn er eigentlich toll geschmeckt hat, also zumindest ganz anders als der aus dem Discounter, der Wein kann nur eins gewesen sein: kaputt! Der war hinüber. Da hat man sich was aufschwatzen lassen. Ärgerlich. Macht man nie wieder!

Was den Anfänger schockt, kennt der geübte Genießer alter Tropfen natürlich: Aus der Flasche ist Bodensatz oder Depot ins Glas gelaufen, und das ist alles andere als ein Zeichen für mangelhafte Qualität, sondern eher das Gegenteil.

Der kostenintensive, aber überzeugende Markenkern lagerfähiger (mehr als nur drei oder fünf Jahre!) Rotweine besteht in einer komplexen Aromenfülle sowie weichen, eingebundenen Säuren und Gerbstoffen. Das aber kann man nur mit extraktreichen roten Spießgesellen machen, die nicht zu Tode gefiltert wurden und in denen noch richtig was drin ist: Säuren, Farbstoffe, Gerbstoffe, Phenole (als Aromenträger), Mineralien eben. Das, was da drin ist, muss allerdings während der Reifung im Fass (gerne auch Barrique, s. S. 23) und auf der Flasche ein paar Jahre (5 bis 15 Jahre oder auch mehr) vor sich hin reagieren. Miteinander und mit ein bisschen Sauerstoff.

Diese Reifung ist ein komplexer Vorgang. Nennt man auch Polymerisation. Dahinter verbirgt sich, kurz gesagt, die Umwandlung von kleinen, kurzkettigen Phenolmolekülen zu langen und großen Phenolmolekülen. Die ruppige und ungestüme Wucht der Phenole, auch der Gerbstoffe, wird so rund geschliffen. Am Ende steht ein eleganter, komplexer Wein in der Flasche.

Solche Prozesse haben aber natürlich auch Nebenwirkungen: Es kann Weinstein (s. S. 185) entstehen, die phenolischen Polymere verketten sich, bis sie nicht mehr löslich sind – und allesamt dümpeln sie alsdann erschöpft auf den Flaschenboden. Dort treffen sie dann noch auf einige Trubstoffe, Rückstände von Substanzen, die im Weinkeller zur Klärung und Filtration eingesetzt wurden. Regelrechte Sedimentkrusten können sich so am Flaschenglas absetzen. Alle zusammen nennt man Bodensatz oder Depot.

Das Depot wiederum ist ein Zeichen dafür, dass der rote Spießgeselle in die Altersklasse der Reife vorgedrungen ist, dass die Umbauprozesse erfolgreich vonstatten gegangen sind. Will man den Nachweis der Reife allerdings nicht mittrinken, dann sollte man eine solche Flasche ein paar Tage vor ihrer feierlichen Köpfung aus der waagerechten Lagerung aufrecht hinstellen, damit sich die Trub- und Schwebstoffe unten absetzen können. Zudem sollte man den Wein dekantieren (s. S. 42). Eine Lichtquelle unter dem Flaschenhals (zum Beispiel eine Kerze) hilft dabei, deutlich zu erkennen, wann beim Einschenken das Depot mit den letzten Tropfen in die Karaffe mit hineinzulaufen droht.

Ist der Wein so alt, dass er beim Dekantieren durch den veritablen Sauerstoffschock erschlagen würde, dann sollte man sich die Prozedur mit der Dekantierkaraffe sparen. Man achte dann allerdings beim Einschenken ins Glas darauf, dass das Depot in der Flasche bleibt. Was anderes bleibt einem kaum übrig, wenn man kein Liebhaber desselben ist. Man kann es aber auch mittrinken. Ist ungiftig. »Hab ich bezahlt. Trink ich mit.« Es soll ja auch Menschen geben, die aus eben diesem Grund Garnelen mit Schale essen. »Jeder Jeck is anders«, sagt man im Rheinland.

Discount-Weine 1

Weine aus dem Discounter schmecken gut

Es ist eine typisch deutsche und eine gleichermaßen perverse Lust an der Selbstinszenierung der eigenen Kulturlosigkeit. Ob Grillplatte von Aldi, Lidl und Co. im Sonderangebot oder Tempranillo für 1,99 Euro, es gibt kaum ein Land mit einem derartig ausgeprägten und exhibitionistisch vor sich her getragenen Stolz, für Genuss- und Lebensmittel kein Geld auszugeben. Weil der Preis das Maß der Dinge ist. Nicht die Qualität. Geiz ist nach wie vor geil!

Das gilt vor allem auch für Wein. Nur etwas mehr als 8 Prozent aller verkauften Weine in Deutschland werden im Fachhandel verkauft. Drei Viertel des Weins werden in den großen Supermarktketten und Discountern verscherbelt (der Rest über den Direktvertrieb ab Winzer). Im Durchschnitt (!) gibt man in Deutschland für eine Flasche Wein gerade einmal 3,30 Euro aus. Das ist den Deutschen guter Wein wert!

Mit widerborstiger Penetranz reden sich die Billigheimer gleichwohl ein, dass der Rote für 1,99 Euro einfach gut schmecke. Und dass Weine beim Händler ja nicht besser seien, nur teurer. Das wisse man doch. Das sei ja hinlänglich bewiesen.

Das ist aber nun einmal alles kalter Kaffee. Denn nichts ist bewiesen! Man wird müde, auf die unzähligen Blindverköstigungen hinzuweisen, als deren Ergebnis immer und immer wieder Discounter-Weine in der Preisklasse von 99 Cent bis 4,99 Euro, diese Superschnäppchen, als das entlarvt wurden, was sie sind: kaum trinkbare Industrieware, klebrig süße, wässrige oder essigsaure Folterinstrumente (von ganz wenigen Ausnahmen einmal abgesehen).

Gleichwohl haben sich Wissenschaftler aufgemacht, diese seltsame Diskrepanz zwischen dem subjektiven Empfinden vieler Verbraucher und den vernichtenden Ergebnissen bei Weinproben durch Verköstigungsteams zu erklären. Also stellte ein Sensoriklabor Verköstigungsteams zusammen, die aus Verbrauchern mit einem Hang zum Discounterwein und Experten bestanden. Ausgewählt hatte man zwölf Rieslinge, sechs aus dem Weinfachhandel und sechs aus dem Discounter-Regal, die als gemischte Pärchen und vor allem blind degustiert wurden.

Und was schmeckten die Verbraucher? Keinen Unterschied! »Quod erat demonstrandum«, möchten nun alle Discount-Fans jubeln. Doch gemach! Die Verbraucher wurden nun in einem Crashkurs einer kleinen Geschmacksschulung unterzogen. Bei der Analyse der Geruchs- und Geschmacksnoten der einzelnen Weine wurden dabei Referenzen genutzt, zum Beispiel grüne Äpfel. Mit deren Geruch in der Nase waren die ungeübten Verbraucher in der Lage, grünen Apfel auch im Wein zu erfassen – wenn grüner Apfel drin war. Im Anschluss an diese Geschmacksschulung wurden die Weinpärchen erneut blind verköstigt, und siehe da: Alle Verbraucher bewerteten nunmehr unisono den Fachhandelswein deutlich besser als die Discounter-Weine.

Auch bei einer anschließenden Zuordnung von zuvor durch Experten festgelegten Begrifflichkeiten, mit denen Geschmacks- und Geruchseindrücke beschrieben wurden (QDA, Quantitative Deskriptive Analyse), schnitten die Discounter-Weine bei den nunmehr geschulten Verbrauchern eher als flache Langweiler ab, bisweilen sogar mit deutlich identifizierten Fehlnoten.

Zu guter Letzt bestätigte eine anschließende chemische Laboranalyse mithilfe der Gaschromatographie, mittels derer man Hunderte von organischen Komponenten der Weine analysierte, ein klares, sogenanntes »diskriminierendes Muster« zwischen Discount- und Fachhandelsweinen.

Quintessenz: Wem Discounter-Weine wirklich »schmecken«, dem fehlt schlicht das Sensorium für eine Beurteilung. Das Sensorium allerdings ist schulbar. Ohne großen Aufwand (s. S. 126), ohne teure Weinseminare. Mit einem grünen Apfel kann man anfangen.

Discount-Weine 2

Wein Irrtum

Beim Discounter gibt es
gute Weine zum Schnäppchenpreis

Seit geraumer Zeit gibt sich der eine oder andere Discounter viel Mühe, mit allerlei Aktionen seine ramponierte Wein-Reputation abzuschütteln. Es hatte sich wohl rumgesprochen, dass Experten zum Discounter-Gebräu in der Regel nicht viel Gutes zu sagen wussten. Eine Image-Politur sollte also her, um das Bild zu korrigieren, nur der Kistenschieber für unterirdische Provenienzen zu sein. Also engagierte man einen ehemaligen Sommelier-Weltmeister für beratende Dienste oder machte sich auf den Weg, namhafte deutsche Winzer mit untadeligem Ruf dafür zu gewinnen, hochwertige

Editionen neben die handelsübliche Ramschware zu stellen.

Solche Image-Kampagnen sind aller Ehren wert, weil sie während solcher Aktionen das Qualitätsniveau der Discounter in die Höhe schnellen lassen. Doch erstens ist damit beileibe nicht die Quadratur des Kreises vollbracht, denn die angebotenen hochwertigeren Weine sind automatisch auch hochpreisig: Ob ein erstklassiger Gutsriesling für 7,99 oder ein vernünftiger Bordeaux für 11 Euro – das sind keine Discounter-Weine mehr, das sind keine Schnäppchen, das sind Qualitätsweine, die im Discounter-Regal stehen.

Und zweitens darf man die von Optimisten gehegte Hoffnung heftig bezweifeln, ob durch solcherlei Sortiments-Make-up die Neigung des Discounter-Kunden auf lange Sicht steigt, für bessere Qualität auch höhere Preise zu bezahlen. Es liegt vielmehr der Verdacht nahe, dass die schnell ausverkauften Qualitätsweine in erster Linie von Kennern aus dem Regal geräumt werden, die den Erzeuger schätzen und sich die Gelegenheit, einen Wein vom VDP-Winzer (Verband deutscher Prädikatswinzer) zum – vermeintlichen – Discounter-Preis zu erhalten, nicht durch die Lappen gehen lassen wollen. Dem durchschnittlichen Weinkonsumenten im Discounter werden weder VDP noch die Winzernamen irgendetwas sagen.

Der durchschnittliche Weinkonsument geht zudem nicht wegen der Qualitätswein-Preise, sondern wegen der Low-Budget-Preise in den Discounter. Und der typische Discounter-Wein kostet eben keine 7,99 Euro, sondern nur 2,99 oder 1,59 Euro – oder noch weniger. Und dessen Qualität kann man beispielhaft berechnen.

Im Angebot: eine Flasche Riesling, Spätlese aus Rheinhessen für 1,59 Euro. Frage an den Qualitätswinzer, wie denn so was wohl gehe. Es geht. Und zwar so (die angegebenen Preise variieren von Jahr zu Jahr): Die Flasche kostet ca. 12 Cent, die Ausstattung (also Kapsel, Plastikkorken, Etikett) ca. 5 Cent pro Flasche. Die Abfüllung ca. 7 Cent pro Flasche, die Verpackung (Karton) ca. 3 Cent. Das macht zusammen einen Betrag von ca. 27 Cent für die Hardware. Den Händler-Rabatt darf man mit 20 Prozent veranschlagen, was mit ca. 30 Cent zu Buche schlägt. Für den Transport kann man einen Preis von ca. 5 Cent pro Flasche verbuchen. Berechnet man nun noch ca. 25 Cent für Kommissionäre und Kellerei, bleiben ca. 75 Cent für den Inhalt. Und das ist exakt der Preis, den Kommissionäre bei Fassweinwinzern für 0,75 l Riesling Spätlese zahlen. Umgerechnet also ein Euro für einen Liter Wein!

Da wird man den begeisterten Verbraucher mal fragen dürfen, was er wohl glaubt, welche Qualität man dafür produzieren kann. Für einen Euro können die Fassweinwinzer, aus deren Kontingenten ausgewiesene Kellereien die Discounterware zusammenrühren, bestenfalls noch gesetzliche Bestimmungen einhalten. Mehr nicht! Und der besagte Euro ist der Marktpreis in guten Jahren. In schlechten Jahren gibt der Markt nicht mehr als die Hälfte her. Dann könnte man den Riesling für 99 Cent anbieten!

Zu solchen Preisen kann weder im Weinberg noch im Keller sorgfältig gearbeitet werden. Zu solchen Preisen kann man nur Banales bis Bodenloses produzieren. Zu solchen Preisen sollten sich die Trauben eigentlich weigern zu wachsen!

Jede Qualität hat halt ihren Preis. Und jeder Konsument verdient, was er bereit ist auszugeben.

Drehverschlüsse

Mit den alternativen Dreh-, Plastik- oder Glas-verschlüssen gibt es keinen Korkschmecker mehr

Der Naturkorken hat seit geraumer Zeit ein Imageproblem. Dafür gibt es einen Grund: Korkschmecker. Und von dem gab es in der Vergangenheit mehr als genug. Von bis zu 30 Prozent korkenbedingtem Ausschuss war in den letzten Jahren die Rede – je nach Jahr, Art der Verköstigung oder Umfrage betroffener Berufsgruppen (Händler, Sommeliers, Restaurantbesitzer). Das verdirbt erst die Laune. Dann die Bilanzen.

Anfang der Neunziger fing das Elend an. Weltweit stieg die Weinproduktion rasant an. Der Osten implodierte – politisch. Die Wein-Nachfrage explodierte. Wein-Globalisierung. Und auf jede Flasche musste ein Korken. Was anderes gab es ja nicht. Also gingen die Korkhersteller in Portugal, in Spanien, in Nordafrika in ihre Korkeichenwälder und zogen den Bäumen die Haut vom Leib, was das Zeug hielt.

Doch was da unter zunehmendem ökonomischen Druck mit zunehmender Unachtsamkeit geschält, gestanzt, sterilisiert, gebleicht und schließlich ausgeliefert wurde, hatte chargenweise immer häufiger einen ungebetenen Gast mit an Bord: TCA (Trichloranisol), das üble Endprodukt von Schimmelpilzen und chlorhaltigen Substanzen, die bei der Korkproduktion aufeinandertreffen und miteinander reagieren (s. S. 90) – den Weinkiller, den Korkschmecker.

Händler, Winzer und nicht zuletzt der Endverbraucher waren es schließlich leid, das Elend mit dem TCA. Seitdem wird allenthalben über die Vorzüge oder Nachteile von alternativen Schraub- und Glasverschlüssen, Kunststoffkorken oder gar Kronkorken diskutiert. Ob das überhaupt geht, wegen der Kultur und so. Und ob der Wein das überhaupt vertrage.

Mit der Kultur, das ging, irgendwann. Man gewöhnte sich dran. Und die meisten Weine vertrugen die neuen Verschlusssysteme, vor allem die, die man nicht lange lagert. Neuseeland verschraubt mittlerweile fast jede Flasche, Australien und die Schweiz kennen ebenso wenige Berührungsängste wie die USA. Auch Deutschland öffnet sich. Nur Traditionalisten wie Spanien und Frankreich tun sich noch schwer.

Dabei scheint der Vorzug doch klar auf der Hand zu liegen: Wo kein Korken drin steckt, kann es auch keinen Korkschmecker mehr geben. So hatte man sich das jedenfalls gedacht. Da hatte man aber leider falsch gedacht: Auch in Flaschen mit Kunststoffkorken, Dreh- und Glasverschlüssen kann ein Korkschmecker vorkommen.

Denn das Problem, also TCA, muss nicht unbedingt über den Korken in den Wein gelangen. Dieselbe Reaktion zwischen Schimmelpilzen und Chlorverbindungen kann auch ganz woanders stattfinden – zum Beispiel im Gebälk der Weinkeller oder in dort gelagerten Holzpaletten. Spuren des mittlerweile verbotenen Holzschutzmittels Pentachlorphenol reichen, um sich in Verbindung mit allgegenwärtigen Schimmelpilzen in TCA zu verwandeln. Lagern in einem solchen Winzerkeller Dreh- oder Glasverschlüsse, Kunststoffkorken oder Siebe von Filtrierungsanlagen, saugen sie das TCA förmlich an, werden auf diesem Weg infiziert – und über sie der Wein.

Auch ehemals verwendete chlorhaltige Holzfassbehandlungsmittel können zur TCA-Quelle werden – und Weine kontaminieren, die nebenan im Stahltank heranreifen. Und damit nicht genug: Ein ganz ähnlich wirkender Stoff, Tribromanisol, resultierend aus bromhaltigen Flammschutzmitteln, macht vergleichbare Probleme. Den hat man bereits im Holzboden von Schiffscontainern, ja sogar in Kartonagen alternativer Weinverschlüsse gefunden.

Fairerweise muss man zugestehen: Die Korkschmecker sind mit den neuen Verschlüssen statistisch deutlich zurückgegangen. Doch eine Garantie stellen sie nicht dar.

Und ob man jemals einen 20 Jahre alten Bordeaux mit einem Drehverschluss öffnen möchte, mag man mit Recht bezweifeln. Irgendwann ist Wein genießen eben nicht nur eine Frage der Vernunft, sondern vor allem eine Frage des Stils.

Ebbelwoi

Wenn die hessische Volksseele kocht

Der Hesse mag von genügsamem Charakter sein. Der »Blaue Bock« fühlt sich recht wohl in der Folklore-Kuschelnische mit Fachwerk und Bembel-Gebabbel. Doch man täusche sich nicht! Er kann auch anders, der Hesse. Wenn's um was geht. Die »deutsche Frage«, Märzrevolution 1848 – da ging's um was. Die demokratisch infizierte Volksseele kochte. In der Frankfurter Paulskirche! Das Experiment konnte nur mit roher Gewalt niedergerungen werden. Üble Niederlage.

2007 ging's wieder um was. Diesmal war Niederlage keine Option! Diesmal würde man sich nicht beugen! Von »Krieg« war die Rede! Worum es ging? Um einen Frontalangriff auf eine hessische Institution: den Apfelwein. Auch »Stöffsche«

oder »Ebbelwoi« genannt. Der war mit einem Mal auf die Radarschirme Brüsseler Bürokraten geraten. Die hatten im Rahmen einer großen Reform der EU-Weinmarktverordnung ein »rechtstechnisches Problem« mit dem Ebbelwoi erkannt. Denn der wird ja aus Äpfeln gemacht. Und nennt sich dennoch »Wein«. Wein jedoch muss laut Definition des Internationalen Weinbauverbands »ein Produkt aus Trauben« sein! Also beschloss die Kommission: Alle Obstweine kegeln wir raus! Der brandenburgische Erdbeerwein, der Holunderwein aus dem Havelland, der hessische Apfelwein – alle raus. Dürfen sich nicht mehr Wein schimpfen. »Äppler« oder »Ebbler« könne sich der Apfelwein weiterhin nennen.

Da hatten die Brüsseler Bürokraten aber die Rechnung ohne den Bembel gemacht. Es erhob sich ein Sturm der Entrüstung. Die politischen Provinzfürsten übten untereinander partei- und länderübergreifend Schulterschluss mit der kochenden Volksseele. Fanfarenstöße der Empörung blies man Richtung Brüssel: »Widerstand« werde man üben, wie »echte Hessenlöwen« werde man kämpfen, die Kommission solle sich vor einem »Kulturkampf« mit den Ebbelwoi-Aktivisten hüten: Eine diplomatische Krise drohe, an den Stammtischen würde bereits der Ruf laut »Hessen raus aus der EU«.

Und die hessischen Ebbelwoi-Keltereien (ca. 50 an der Zahl) drohten: das Damoklesschwert der Arbeitslosigkeit schwebe über den Köpfen der 500 Mitarbeiter, allein die Neuetikettierung würde einen siebenstelligen Betrag verschlingen.

So viel Widerstand war nie! Das machte Eindruck bei der Gurkentruppe in Brüssel. Die Kommission knickte schließlich ein unter dem Sperrfeuer aus Hessen. Seither darf auch mit dem Segen Brüssels der Ebbelwoi ein Apfel-»Wein« bleiben. 2010 erhielt er sogar höhere europäische Weihen: Der hessische Apfelwein steht seither mit einer »geschützten geographischen Angabe« (g.g.A.) unter dem Schutzschirm eines EU-Gütezeichens.

Seither klopft man sich anerkennend auf die Schulter im Blauen Bock und raunt sich zu: »Widerstand ist machbar, Herr Nachbar! Gell?«

Die Welt trinkt derweil weiter Wein. Aus Trauben. Oder aus Äpfeln. Und man glaubt es kaum: Die meisten erkennen den Unterschied! Obwohl manchmal ApfelWEIN draufsteht. Wer hätte das gedacht?

Edelfäule

Aus verfaulten Trauben
kann man keinen Wein machen

Botrytis cinerea heißt der Übeltäter. Bemächtigt er sich eines Weinstocks, verwandelt er jede befallene Traube in ein pelzig-graues Trümmerfeld. Jedem Laien, der erstmals des verfaulten und verschrumpelten Elends angesichtig wird, stellt sich die Beurteilung der Lage eindeutig dar: Diese Ernte ist hinüber, kann man nur noch einstampfen – Sondermüll. Armer Winzer.

Der Winzer indes grinst sich eins. Auf den Pilz-Angriff hat er nur gewartet. Denn was beim Laien Visionen von lebensbedrohlichen Darmproblemen heraufbeschwört, garantiert ihm im besten Fall eine sogenannte Beeren- bzw. Trockenbeerenauslese, aus denen sich ausgesprochen begehrte und hochwertige »edelfaule« Süßweine herstellen lassen. Und die zählen zu den höchsten Qualitätsstufen der sogenannten Spätlesen (s. S. 149).

Die Idee der Spätlese ist relativ einfach: Je länger die Trauben im Herbst am Stock hängen, desto höher ist der Zuckeranteil (also das Mostgewicht) sowie der Extraktreichtum (Phenole, Mineralien etc.). Aus solchen spät gelesenen Beeren lassen sich in einer ersten Zündstufe sehr gehaltvolle (Prädikats-)Weine mit einem komplexen Aromenspiel herstellen: Kabinettweine (70–80° Öchsle, s. S. 114) oder »einfache« Spätlesen (mehr als 80° Öchsle).

Was allerdings alles nur funktioniert, wenn der Herbst recht sonnig ausfällt. Weil es dafür aber keine Garantien gibt, bestenfalls Prognosen oder Winzer-Ahnungen, ist das Spätlese-Spiel immer auch ein gewisses Vabanque-Spiel – und der Grund dafür, dass kein Winzer die gesamte Ernte auf die Spätlesekarte setzt, es sei denn, er neigt zum Suizid.

Manchen Winzern ist die erste Spätlese-Zündstufe allerdings nicht genug. Sie warten noch länger. Sie warten, bis *Botrytis cinerea* kommt. Denn dieser Schimmelpilz verwandelt ihre Beeren in flüssiges Gold. Der (nur bei weißen Trauben) ersehnte teilweise oder gar komplette Schimmelbefall bewirkt nämlich eine mikroskopisch kleine Perforierung der Beerenhaut, was die Verdunstung der Flüssigkeit im Beereninneren (Trockenbeere) zur Folge hat. Die Verdunstung wiederum hat eine noch höhere Konzentration des Zuckers zur Folge. Das Mostgewicht kann so auf über 160° Öchsle steigen. Womit die höchste Stufe der Spätlesen erklommen wäre, die Beeren- oder Trockenbeerenauslese.

Das Resultat, edelfaule Süßweine, liebt man wegen der sublimen Süße, wegen des honigwürzigen Dufts und wegen der bisweilen jahrzehntelangen Lagerfähigkeit. Getrunken werden sie vornehmlich zu Gänse(stopf)leber

oder Blauschimmelkäse. Experimentierfreudige schwören auf das Zusammenspiel mit Aal, Lamm, Blutwurst,
Wildgerichten, Sülze, Bratkartoffeln und mit noch vie-
lem mehr.

Der süße Edelstoff ist jedoch nicht nur begehrt, sondern in der Regel auch teuer. Kultweine von berühmten
Herstellern wie Château d'Yquem kosten zwischen 200
und 400 Euro die Flasche. Auf Auktionen werden allerdings für große Jahrgänge auch weitaus größere Sum-
men erzielt. Das hat – neben dem Kult – Gründe. Die
Erträge fallen wegen der Verdunstung der Beerenflüs-
sigkeit recht dürftig aus: ein Rebstock, ein Glas Süßwein. Und das lässt sich der Winzer bezahlen.

Hinzu kommt, dass die graufaulen Beeren nur per
Hand gelesen, zum Teil mit der Pinzette aus der Traube
gezupft werden. Und die Erntehelfer müssen mehrfach
ausrücken, denn nicht alle Beeren weisen zum gleichen
Zeitpunkt den optimalen Schimmelbefall auf.

Zudem: Breitet sich der Botrytis-Pilz zu früh aus,
wenn die Beeren noch unreif sind, platzen sie auf. Es
entwickeln sich Sauerfäule und Grauschimmel. Dann
ist die Ernte hinüber, Sondermüll. So hat eben alles seinen Preis. Arme Winzer.

Etiketten

Darf Hitler von der Flasche grüßen?
Er darf! In Italien.

Auf ihrer Internetseite verkünden der Weinhändler
Alessandro Lunardelli und sein Sohn Andrea, nach
welchen Qualitätsstandards die Weine für ihre
Händlerabfüllungen im Friaul in der Nähe von

Udine erzeugt werden. Mit den ca. 30 Winzern der Region habe man »eine besondere Beziehung« aufgebaut. Jeden Produktionsschritt überwache man, von der Weinrebe bis zum Fass. Und von »Philosophie« ist da die Rede. Worüber im Folgenden allerdings noch nachzudenken wäre.

Alles in allem, so wird resümiert, würden die Bemühungen des Hauses Lunardelli zu Weinen besonderer Güte führen, was sich auf der Lunardelli-Homepage im kryptischen Kauderwelsch einer Übersetzungsmaschine wie folgt liest: »Diese sorgfältige und arbeitsame Methode der Produktion hat in den Jahren zu die Lunardelli-Firma beistimmt, in dem Markt ein Produkt von hoher Qualität und überall anerkannt zu bieten.«

Nun, so hoch ist die Qualität dann wohl doch nicht. Und anerkannt werden viele der Lunardelli-Weine allein von einer ganz besonderen Klientel. Denn in der Produktlinie »Linea Storia« sind auf den Etiketten in harmonischer Einigkeit die übelsten Verbrecher der Weltgeschichte versammelt. Hitler, Göring, Himmler, Hess, Rommel, Mussolini – auferstanden aus der Klamottenkiste der Barbarei salutieren sie in original verquaster Hosenboden-Ästhetik mit strammem Gruß von der Flasche. Überzeugend auch die Namen der Weine: »Führerwein«, »Sieg Heil«, »Meine Ehre heißt Treue« oder »Credere, Obbedire, Combattere« (Glauben, Gehorchen, Kämpfen). Zu haben ist der ganze Faschistenzauber zum völkischen Einheitspreis von 8 Euro.

Auf diesen entzückenden Marketing-Gag war der Filius 1995 gekommen. Da liegt der Verdacht nahe, es mit einem lupenreinen italienischen Neo-Faschisten zu tun zu haben. Was wiederum nicht mit seiner angeblichen Vergangenheit als ehemaligem Kriegsdienstverweigerer und Kommunistensympathisanten zusammenpasst. Entlastend wirkt auch der Hinweis, dass die Verbrecherparade auf seinen Flaschen politisch nicht einseitig ausgerichtet ist: Es gibt in der Tat auch eine »Communist Collection« mit Stalin, einem weiteren Sympathieträger der Weltgeschichte. Hinzu kommen einige Ikonen der Linken von Lenin über Marx und Tito bis hin zu Che Guevara. Und für die österreichischen Nachbarn hält er, neben Hitler, auch noch den guten alten Kaiser Franz Joseph und die liebe Sissi parat. Die Franzosen müssen mit Napoleon auskommen.

Dass man mit solcherlei Schabernack Geld verdienen kann, war die Erkenntnis im Anschluss an ein privates Fest: Neofaschisten hatten 100 Flaschen Rotwein mit dem Antlitz des Duce geordert. Die übrig gebliebenen Flaschen gingen auf dem freien Markt so schnell weg, dass Lunardelli die Mussolini-Etiketten flugs nachproduzierte. Und weil auch Deutsche unter den Duce-Kunden waren, schob er Hitler und Co. nach. Verkauft werden die Flaschen heute vor allem in den Touristenhochburgen Gardasee, Jesolo bei Venedig und in den einschlägigen Badeorten an der Adria. Spät abends, im Schutz der Dunkelheit, schleichen angeblich die deutschen Touristen verschämt in die Geschäfte und decken sich mit dem roten »Hitler« ein. Anders kommen sie auch nicht dran. In Deutschland ist der Handel mit Nazi-Symbolen verboten.

In Italien fand man den ganzen Faschistenkult auf der Flasche anfangs ebenfalls ein wenig anstößig. Etiketten wurden beschlagnahmt, der Weinhändler wegen Verherrlichung des Faschismus angeklagt. Das zuständige Gericht in Bozen ließ sich aber ob der Ausgewogenheit seiner Verbrecherparade davon überzeugen, dass es sich nicht um einen politischen, sondern um einen rein geschäftlichen, verkaufsstrategischen Marketing-Gag handele.

Die Klage erwies sich rückblickend als eine hervorragende Promotion-Aktion für das Business mit dem Bodensatz der Ewiggestrigen. Angeblich die Hälfte des Umsatzes, den er mit seinen 120 000 Flaschen jährlich macht, geht auf das Konto der »historischen Kollektion«. Na, Gratulation! Und: Forza Italia!

Farbstoffe

Nichts für Hypochonder –
Anthocyane im Rotwein!

Hypochonder können schon mal nervös werden, wenn sie nach Rotweingenuss in den Spiegel schauen. Doch die blaue Zunge, die jedem Chow-Chow zur Ehre gereichen würde, ist ausnahmsweise mal kein Zeichen für Typhus oder Ruhr. Sie ist lediglich ein Zeichen für Anthocyane im Wein. Was sich auch nicht besonders beruhigend anhört, was aber völlig ungefährlich ist.

Anthocyane (griech. Anthos = Blüte, kyanos = blau) nennt man die Farbstoffe, die je nach Rebsorte und Vinifizierung in stark schwankender Intensität und Farbe (rot, braun oder eben blau) im Rotwein vorkommen. Als potentielle Blaufärber gelten (vor allem junge) Weine aus den Traubensorten Syrah, Nebbiolo, Dornfelder oder auch Primitivo.

Ursprünglich stecken die Anthocyane in der Beerenhaut, aus der sie während der Maischegärung herausgelöst werden. Diese Farbstoffe haben die Eigenschaft, sich in tote oder lebende Zellen im Mundraum für eine gewisse Zeit einzuquartieren. Rote oder bräunliche Farbstoffe fallen optisch auf der Zunge kaum auf. Doch je höher der Anteil der blauen Farbanteile im Wein ist, desto intensiver färben sie Zunge und Zähne, bis man aussieht, als habe man an einer Füllerpatrone genuckelt.

Wie intensiv die Verfärbung auf Zunge und Zähnen ausfällt, hängt jedoch auch vom individuell unterschiedlichen ph-Wert des Mundraumes ab. Im 1000 bis 10 000-mal saureren Milieu des Weines kommen die Farbstoffe noch rot daher. Doch nachdem der Wein seinen Weg durch die Kehle genommen hat, beginnt der Speichel – von Mensch zu Mensch unterschiedlich intensiv – die im Mund verbliebene Säure zu neutralisieren und einen zahngesunden, neutralen ph-Wert wiederherzustellen. Bei solchen ph-Werten beginnen die Anthocyane im Mundraum so blau zu blühen wie Enzian. So gesehen ist eine blaue Schnute also ein Zeichen für gesunde Zähne – eine gute Meldung für alle Hypochonder.

Und wen die Chow-Chow-Zunge stört, der kann mit dem Saft einer Limette oder Zitrone für Abhilfe sorgen. Aber wer macht so was? Mit Zitronensaft gurgeln. Nur weil man Rotwein getrunken hat.

Filtern

Ungefilterte Weine sind trübe Öko-Weine

Wenn ein Produzent etwas auf sein Etikett schreibt, was andere nicht auf ihr Etikett schreiben, dann wird er sich bei der angesprochenen Klientel wohl einen Wettbewerbsvorteil versprechen. Der mittlerweile zunehmend ausgewiesene Umstand, dass der Wein, den man da gerade in der Hand hält, »ungefiltert« (unfiltered) sei, ist so ein – erhoffter – Wettbewerbsvorteil. Viele Bio-Winzer werben mit diesem Hinweis auf dem Etikett – und verkaufen damit die Heilslehre vom reinen Naturprodukt. Da wird der Wein zum Vollkornsaft.

Man muss jedoch weder als Weinhersteller noch als Weintrinker ein gläubiger Jünger der Öko-Religion sein, um den Filteranlagen im Weinkeller skeptisch zu begegnen. Ungefiltert sind eben nicht nur viele Bio-Weine. Ungefiltert sind zunehmend vor allem auch jene Weine, deren Winzer nur eine Ideologie kennen: die der bestmöglichen Qualität ihres Produktes. Und diese Winzer sind nicht ganz zu Unrecht der Meinung, dass man mit der Vielzahl der unterschiedlich eingesetzten Filteranlagen eben nicht nur unerwünschte Risikofaktoren entfernt, sondern auch einen Teil des Geschmacks.

Die Filtration dient jedoch eigentlich, wie das Schönen (s. S. 133), vor allem der chemischen Stabilisierung und der Klärung des Weines. Feste Traubenpartikel, Proteine, Tannine, Staub, Farbstoffe, Hefen, Milchsäurebakterien – all das u. v. m. floatet da im Rebensaft nach der Gärung ja noch frei im Tank- oder Fass-Orbit. Und diese Stoffe würden im Glas nicht nur die Sicht trüben. Hefen und Bakterien würden zudem das Trinkvergnügen trüben. Also lieber raus damit.

Mittlerweile fährt man dazu allerfeinste Filtertechnik auf, das Ergebnis bester Ingenieurskunst. Da wird der Wein durch Cross-flow-Filter, Schichtenfilter oder Zentrifugen gepresst und geschleudert. Die Filtereinsätze bestehen aus Zellulose (Holz), Kieselgur (Schalen von fossilen Kieselalgen) und Perlit (vulkanisches, glasartiges Gestein) oder feinstporigen Membranen, die mit einer Porengröße von mittlerweile nur noch 0,45 Mikrometer (1 Mikrometer ist 1 Tausendstel Millimeter!) in der Lage sind, selbst Bakterien abzugreifen. Wenn er das hinter sich hat, ist er rein, der Wein.

Hochwertige, mit reifen Tanninen angereicherte und schwefelstabile Rotweine klären sich hingegen von ganz alleine. Der Wein erhält die Zeit, im Fass zu ruhen, bis alle Trubstoffe von ganz alleine zu Boden sinken. Anschließend zieht der Wein um ins nächste Fass, der Bodensatz bleibt zurück. Wird das Ganze mehrfach wiederholt, präsentiert sich der Wein – abgesehen von einem harmlosen Depot in der Flasche – clean. Viele Qualitätswinzer konstatieren, dass nur ohne Filtration vielschichtige und tiefgründige Weine herstellbar seien. Ihr Diktum: In der Ruhe liegt die Kraft.

Ruhe ist eine Produktionseinheit, die man »normalen« Weinen weder technisch noch ökonomisch gönnen kann. Jedenfalls nicht in diesem Ausmaß. Hier muss sich das Karussell drehen. Und zwar schnell und sicher. Damit der Rubel rollt – und damit man als Konsument Freude hat. Und dafür sorgen – auch – die recht teuren Filtrationsanlagen. Sie garantieren, dass die Weine klar und stabil sind. Bei den meisten Weißweinen und jungen Rotweinen kommt man ohne Feinfiltration vor der Abfüllung in Flaschen nicht aus. Umgekehrt allerdings würde ein relativ sensibler und feiner Pinot Noir (Burgund) eine Hardcore-Filtrierung schon farblich kaum unbeschadet überstehen. Wein machen ist eben eine Frage des Fingerspitzengefühls.

Unter dem Strich gilt es also, Risiken und Investitionen gegeneinander abzuwägen. Und so folgen wir dem Diktum des großen Johnson, dem Grandseigneur der Weinkritik, der fordert, dass man die ganze Frage der Filtration einfach von Fall zu Fall, also von Wein zu Wein, und eher pragmatisch angehen solle. Und weniger dogmatisch. »Ungefiltert« kann, muss aber kein Wettbewerbsvorteil sein.

Fliegen

Nicht jeder Wein ist flugtauglich

1,7 Millionen Liter Tomatensaft werden jährlich ausgeschenkt. Und zwar über den Wolken. Bei der Lufthansa. Bei anderen Airlines wird es ähnlich sein. Warum, zum Teufel, erfreut sich ausgerechnet Tomatensaft, der am Boden ein eher randständiges Dasein fristet, in einer Flughöhe von 10 000 Meter derartiger Beliebtheit? Das sind Fragen!

Solche Fragen stellen Airlines der Wissenschaft. Die Lufthansa hat sie dem Fraunhofer-Institut für Bauphysik gestellt. Es geht schließlich ums Geschäft. Über den Wolken werden ja nicht nur Tomatensaft, sondern auch Hähnchenschenkel und Weißwein, Thaicurry und Bordeaux serviert: Das Catering-Unternehmen, das auch die Lufthansa bedient, köchelt täglich rund 1,1 Millionen Mahlzeiten für Airline-Kunden weltweit. Die Lufthansa schenkt ihren Fluggästen jährlich 2,6 Millionen Liter Wein und 320 000 Liter Schaumwein ein. Da will man, dass das auch schmeckt.

Dass es das aber nicht tut, hat die Wissenschaft jetzt bewiesen. Großer Versuchsaufbau: Ein 16 Meter langes Teilstück eines A310-200, eingehängt in eine Unterdruckkammer, 80 Probanden rein, Flugbedingungen simuliert und dann gefragt »Wie schmeckt denn so der Zander, die Mangocreme und wie der Rote und der Weiße?« Ergebnis: Vor allem der niedrige Luftdruck von nur 750 Hektopascal (normal: 1000 hPa) und die relativ ariden Verhältnisse mit nur 5–15 Prozent Luftfeuchtigkeit (normal: 50–60 Prozent) verändern die menschliche Geschmackswahrnehmung. Die Schleimhäute trocknen aus, die Riech- und Geschmackszellen sind teilbetäubt. Will heißen: Auf Flughöhe ist jeder Passagier »verschnupft«.

Die Folge: Salz, andere Gewürze sowie Süße werden sehr viel schwächer wahrgenommen als am Boden. Da schmeckt der Hähnchenschenkel wie Pappkarton, der Zander immerhin nach nichts. Und im Weinglas drängen sich Säure, Gerbstoffe und Alkohol in den Vordergrund. Was am Boden noch ein filigraner Roter mit ausgewogenem Spiel von Frucht und Tannin ist, geriert sich über den Wolken wie grünes, pelzig-stumpfes Brackwasser. Und der leichtfüßige Weiße wird zum alkoholdumpfen Säuerling. Tomatensaft aber, am Boden noch als muffig, erdig und sauer bewertet, wird in der Luft zur fruchtig-süßen Geschmacksexplosion!

Was das Fraunhofer-Institut bewiesen hat, ahnten die Leute vom Bordservice schon seit Längerem. Jetzt aber kann man die Speisen auch wissenschaftlich auf Flugbedingungen hin würzen. Bei der Weinauswahl steht der Lufthansa zudem seit vielen Jahren ein ehemaliger Weltmeister zur Seite: Markus del Monego, 1989 Weltmeister der Sommeliers, achtet mit einem Gremium von Weinspezialisten darauf, dass nur Weine mit einer gehörigen Portion Restsüße in die Kabine kommen. Was am Boden noch fruchtig-wuchtig die Sinne flutet, tritt in der First Class in 10 000 Meter Höhe elegant, aromatisch und feingliedrig auf.

Und so soll es schließlich sein, da oben. Wie hier auf Erden.

Geschmacksmoden

Nur dunkle Rotweine sind gute Rotweine

Das Elend begann Anfang/Mitte der 90er-Jahre. Eine Welle von kalifornischen Coca-Cola-Weinen – dunkelrote, marmeladig-verquaste, alkohol- und holzlastige Fruchtbomben – flutete die Supermarktregale. Auch die Regale der Weinhändler, die sich – selbst wenn sie aus Überzeugung gewollt hätten – gegen solcherlei mächtige Trends nicht stemmen konnten, füllten sich zunehmend mit dunklem, schwerem Gebräu. Ob gut oder schlecht gemacht: Es waren (und sind) extreme Weine, schwer, süß, holzig. Und nach einem Glas war und ist man pappensatt. Doch viele Verbraucher glauben bis heute, dass das so sein muss.

Angefeuert und befeuert wurde der Trend durch den amerikanischen Wein-Guru Robert Parker, der sich in den 80ern zu einer mächtigen Kritikerstimme entwickelt hatte. Die Stimme wurde zunehmend gehört von einem lawinenartig an Zahl zunehmenden Publikum, das sich neuerdings für Wein interessierte und Orientierung suchte. Parker gab diese Orientierung. Und Parkers Zunge liebt – bis heute – dunkle, fruchtige, säurearme und holzige Rote.

So wurde der Trend irgendwann zu einem Selbstläufer. Auf die Zinfandel-Amerikaner folgten die Australier mit ihrem nahezu schwarzen Shiraz (Syrah), die Chilenen mit tiefdunklen Cabernet Sauvignons und Carmenère-Weinen. Und schließlich ließen sich auch die Südafrikaner mit dunklen Shiraz-Rebsäften nicht lange lumpen. Schlussendlich schwappte die Welle auch an die europäischen Gestade: In Italien entdeckte man die tiefdunkle Primitivo-Traube neu, in Deutschland setzte man auf die dunkelrote Dornfelder-Traube. Als Letzte sind die Argentinier mit ihren schwarzen Malbec-Säften aufgesprungen.

Auf diesem grob skizzierten Weg manifestierte sich im Bewusstsein des Verbrauchers, dass allein tiefdunkle Rotweine gehaltvolle, körperreiche – und also gute Rotweine seien. Helle Rote verbindet man hingegen mit alkoholarmer Schwachbrüstigkeit. Gegen dieses Bewusstsein mit Trauben anzurennen, die nun einmal keine tiefdunklen Weine ergeben, ist nicht ganz einfach. Aus einem Pinot Noir (Spätburgunder) kann man eben weder im Burgund noch an der Ahr schwarze Tinte keltern. Und auch ein Sangiovese wird nie teerfarben ins Glas laufen.

Um vom Trend ökonomisch nicht abgehängt zu werden, bedienen sich viele Winzer in den Regionen mit traditionell helleren Rotweinen einer Menge Tricks, um ihre Weine irgendwie dunkler zu gestalten. Hier und da dunkelt man mit Färbertrauben nach. Woanders lässt man den Most länger auf der Haut stehen, in der Hoffnung, mehr Farbstoffe zu extrahieren. Leider extrahiert man auf diesem Weg auch mehr bittere Gerbstoffe. Denn es ist wie beim Tee: Je länger man ihn ziehen lässt, desto dunkler, aber auch bitterer wird er. Andere Winzer werfen die

Zentrifugen an, bemühen Vakuumverdampfung oder Umkehrosmose zur Entziehung von Wasser und damit zur Konzentration von Farbe und Geschmack – was auch immer sie tun, es ist letztlich der verzweifelte Versuch, gegen die Natur einem Verbrauchertrend zu folgen. Einem ziemlich unsinnigen Trend obendrein.

Der Verbraucher nämlich sollte wissen, dass die Farbe nichts darüber aussagt, wie dicht, fruchtig, elegant und komplex ein Roter schmeckt. Oder wie gut er ist. Dass man sich als Laie wie als Profi von der Farbe allzu schnell beeinflussen lässt, ist hinlänglich bewiesen (s. S. 101). Bezeichnenderweise schneiden bei Blindverköstigungen mit geschwärzten Gläsern, die keinen Rückschluss auf die Farbe des Weines erlauben, helle Rote – auch im direkten Vergleich zu dunklen Roten – sehr gut, bisweilen besser ab. Die hellen Roten schmecken manchmal einfach dunkler als sie sind.

Holzchips

Die Verwendung von Holzchips
ist ein Sündenfall

Wann beginnt der Sündenfall? Wenn profitorientierte Marktregeln handwerkliche Traditionen aushebeln? Wenn immer mehr Schein und immer weniger Sein im Wein regiert?

Seit den 90ern machte sich – beim jüngeren Weinpublikum zumal – eine seltsame und extreme Lust am Holz bemerkbar. Quelle dieser Lust am Wald waren die neuen Weinländer, insbesondere Australien und Kalifornien. Hier begann man in den 70ern, Frankreich zu spielen. Von denen wusste man: Die können Wein! Also

imitierte man ein wenig hemdsärmelig die altehrwür-
dige französische Tradition, hochwertige Rot- und
Weißweine in kleinen Eichenholzfässern, den sogenannten Barriques (s. S. 23), auszubauen. Zum Teil mit großem Erfolg.

Nebeneffekte des Barrique-Ausbaus sind – je nach
Holzart – eine vanillige Süße sowie Röst- und Kaffeea-
romen des (seit den 80ern auch gerne getoasteten) Holzes. Besonders vordergründig sind diese Aromen vor allem dann, wenn man das Holz Weinen zumutet, die zu
leichtfüßig sind. Oder wenn man ein zwar geeignetes,
aber schweres Barrique-Kaliber zu jung öffnet. Im Bordeaux oder Burgund wäre man traditionell bemüht,
über die Länge der Reifung (auch auf der Flasche) einem Spitzenwein die Zeit zu geben, diese holzigen
»Fehltöne« abzuschleifen, die Tannine des Holzes in
den bunten Strauß der Weinaromen einzubinden.

Genau diese vordergründigen, holzigen »Fehltöne«
wurden jedoch erst in der neuen, dann auch in der alten
Weinwelt zu einem Schlager. Bald schrie auch der Mas-
senmarkt nach schweren und holzigen Vanillebomben.
Auch in Deutschland.

So ein Barrique-Fass ist allerdings sehr teuer, je nach
verwendeter Eiche werden 600 bis 1000 Euro aufgeru-
fen – und da passen gerade einmal 225 Liter rein. Zudem: Nach drei, höchstens vier Einsätzen kann man das
Holzfass in den Kamin schieben oder auf den Barbecue-
Rost. Umgerechnet kostet der Barrique-Einsatz ca. 3
Euro pro Liter Wein! Solche Kosten lassen sich in keinem Aldi-Regal der Welt verstecken. Also suchte und
fand man bereits in den 80ern eine kostengünstige Alternative: Holzchips.

Die Idee ist einfach: Die gewünschten Holzaromen
gehen in den Wein über, indem man einfach ein Säck-
chen mit Eichenholzspänen in den Stahltank hängt. Be-

liebt ist auch die Stave-Technologie: Eichenstäbe oder -bretter (staves) werden in ein Gestell montiert und bereits während der Gärung im Stahltank montiert. So erzielt man ein noch intensiveres Holzaroma. Und das Ganze für einen Appel und ein Ei: Der Preisfaktor beträgt im Vergleich zum Barrique ungefähr 1:100. Für die Holztöne aus dem Chipssäckchen zahlt man gerade mal um die drei Cent pro Liter. Ein Argument!

In Europa war diese Vorgehensweise dennoch lange Zeit verboten. Chips entsprechen nicht den traditionellen Kellertechniken, weil es lediglich um eine Aromatisierung geht. Und nicht um Reifung, die man eigentlich mit dem Barrique-Einsatz verfolgt – einem komplexen chemischen Umbauprozess, befeuert durch den Sauerstoff, der über die Fasswandporung dafür sorgt, dass der Wein runder, weicher und stabiler wird. Weshalb die Holzschnipsel-Wunderwaffe für langlebige hochwertige Weine auch restlos bedeutungslos ist.

2006 wurde die europäische Bastion jedoch geschliffen. In der EU gab man dem Konkurrenzdruck aus Übersee nach. Seither darf man auch in Europa Holzsäckchen in den Wein hängen (mit Ausnahme deutscher Prädikatsweine). Nicht einmal ein Hinweis muss auf dem Etikett vermerkt werden.

Herauszuschmecken ist es nicht! Selbst Profis konnten bei Blindverkostigungen keinen Unterschied zwischen Barrique- und Chipsweinen feststellen. Die Wissenschaft aber kann. Labortechnisch sind in Chipsweinen Aromastoffe nachweisbar, die für Barrique untypisch sind. Aber was nutzt schon solche Erkenntnis?

Es bleibt die Frage: Was ist das jetzt? Wo ist die Grenze, sagen wir zum Holzaromapulver oder zum – noch – verbotenen flüssigen Holzaroma? Wann fällt da die letzte Bastion? Also: Wo beginnt der Sündenfall? Sie entscheiden. Spätestens an der Kasse.

Holzfass

Nur im Holzfass ausgebaute Weine sind gute Weine

Wenn es so einfach wäre. Zunächst: Holzfass, das riecht förmlich nach alter Handwerkerkunst, das riecht nach »alter Väter Sitte« und nach Küferromantik. Wein machen ist aber alles andere als romantisch. Wein machen ist ein extrem komplexer und von Hightech (mit)bestimmter Prozess. Mit dem Prädikat »nach alter Väter Sitte« würde man schnurstracks Pleite gehen, wenn die gute alte Sitte keine qualitativen Vorzüge verspricht.

Vorzüge hat ein Holzfass zweifellos. Aber eben nicht überall und nicht unbedingt bei jedem Wein. Und mittlerweile hat man ja auch Alternativen. Denn was die guten alten Väter jahrhundertelang nicht hatten, das hat der moderne Winzer heute allzumal: Edelstahl (oder Polyester). Und Edelstahl hat gleichermaßen große Vorzüge. So wird mittlerweile fast jeder Wein in riesigen, bis zu eine Million Liter fassenden, computergesteuerten Edelstahltanks (oder Polyestertanks) vergoren (Umbau von Zucker durch Hefe zu Alkohol). Stahltanks sind zwar teuer in der Anschaffung, sind aber leichter zu reinigen als Holz und vor allem ist die Temperatur des Gärprozesses leichter zu kontrollieren. Und Kontrolle ist gut. Damit nichts schief geht. Denn was schief geht, kostet.

Auch bei der im Anschluss an die Gärung stattfindenden Reifung finden Edelstahltanks bei Rot- und noch mehr bei Weißweinen Anwendung. Kurz gesagt: Die meisten Weine, vor allem die jungen, innerhalb von zwei, drei Jahren zu trinkenden Weine haben im Keller der Winzer auch nicht eine Minute Holz gesehen. So viel zur Küferromantik.

Kein Holz gesehen zu haben ist aber beileibe nicht ehrenrührig! In Edelstahl vergoren und gereift, das kann vorzügliche Weine ergeben. Holz ist also keine conditio sine qua non für einen guten Wein!

Holzfässer haben jedoch zweifellos bezwingende Vorteile. Vor allem für langlebige (Rot-)Weine. Die chemischen Prozesse während der Reifung benötigen nämlich Sauerstoff. Nicht viel, aber Sauerstoff. Und den bietet im Gegensatz zum Edelstahltank ein Holzfass über die Fasswandporen.

Was da unter Sauerstoffeinfluss im Fass geschieht, ist für die spätere Qualität des Weines ganz ausschlaggebend. Phenole (aromatische, wohlriechende Verbindungen, auch Tannine) und Kohlenwasserstoffverbindungen (Träger der Primäraromen, s. S. 14) verschmelzen mit dem Sauerstoff zu größeren Molekülverbindungen. Die Folge: Der Wein verändert und stabilisiert sich farblich, die Tannine (Gerbstoffe) werden sanfter, komplexe Aromakombinationen entwickeln sich – der Wein gewinnt an Eleganz und Klasse.

Je nachdem, welchen Weintyp man möchte, und je nachdem, wie viele Phenole der Wein aufbietet (was wiederum an der Traube und der Intensität der Kelterung liegt), können von großen Fässern bis 1000 Liter bis hinunter zu den kleinsten, den Barriques (225 l), die unterschiedlichsten Fässer zum Einsatz kommen. Je kleiner das Fass, desto größer ist im Verhältnis zum Wein die Oberfläche des Holzes – und desto höher ist der Sauerstoffaustausch (und damit die Schnelligkeit der Reifung) und desto mehr kann das Holz seine eigenen Aromen an den Wein abgeben.

Das ist nämlich die nächste Zündstufe der Fassreifung: die Abgabe der im Holz vorhandenen Aromen (Vanille, Karamell, Haselnuss) und Gerbstoffe (Tannine), zu denen sich noch Kaffee- und Röstaromen gesellen können, je nachdem, wie intensiv das Fass zuvor »getoastet«, also ausgeflämmt wurde.

Das ist schon eine Menge Holz, was ein Wein da im Fass aushalten muss. Da muss der Wein dagegenhalten können. Da muss er schon ziemlich robust sein. Ist er robust, kann er ein ganz Großer werden. Die anderen gehen in die Knie, werden müde, verlieren Frische oder schmecken irgendwann einfach nur noch nach Schreinerei.

(siehe auch »Barrique«, S. 23)

Jahrgang

Der Jahrgang ist nicht entscheidend für die Weinqualität

Es scharmützelt ein wenig in der Szene. Gegenstand der Auseinandersetzung ist die Bedeutung des Jahrgangs. »Der Jahrgang ist existenziell entscheidend!«, sagen die einen. Und haben Recht. Irgendwie. »Was für ein Unfug! Auf den Jahrgang kommt es überhaupt nicht an!«, sagen die anderen. Und haben auch Recht. Doch wie bei vielen Fragen rund um das Thema Wein gibt es auch hier keine einfache Antwort. Weil es mehrere Wahrheiten gibt.

Wahr ist zum Beispiel, dass ein guter Winzer durchaus in der Lage ist, auch in schlechten, sonnenarmen und verregneten Jahren einen qualitativ hochwertigen Wein herzustellen. Und dies umso mehr, wenn er sich mit seinem Wein preislich fühlbar jenseits der Discounterregale aufhält. Wer nämlich an seinem Wein gutes Geld verdient, kann es sich zum Beispiel bei anhaltendem Regen leisten, seinen Weinberg mit Plastikplanen abzudecken, um mittels dieser Auslegeware das Eindringen des Wassers ins Erdreich – und damit in die

Trauben – zu verhindern. Solche Weingüter können es sich zudem leisten, bei der Lese jede Traube persönlich mit Handschlag zu begrüßen und dabei zu begutachten, wer rein darf und wer nicht. Auch Hightech und schweres Gerät wird eingesetzt: Von der Umkehrosmose, mit der man wasserschwangere Beeren dehydriert, bis hin zum Einsatz von Helikoptern, die den Regen von den Beeren blasen, ist vieles möglich, die Nachteile schlechter Jahrgänge abzufedern.

Wahr ist andererseits aber auch, dass der gut gemachte Wein aus einem schlechten Jahrgang in der Regel dem gut gemachten Wein eines guten Jahrgangs nicht das Wasser reichen kann.

Wahr ist natürlich, dass von einem schlechten Jahrgang eine ganze Region betroffen sein kann. Das Jahr 2002 war zum Beispiel für die Toskana ein besch...eidenes Jahr. Und bei allen Bemühungen auch der besseren Winzer der Toskana schneiden ihre Weine im direkten Vergleich mit dem sehr viel besseren Jahr 2001 generell schlechter ab.

Wahr ist aber gleichermaßen, dass es neben schlechten Jahren auch noch die komplizierten Jahrgänge gibt. Kompliziert, weil sich die klimatischen Verhältnisse innerhalb einer Region ganz unterschiedlich präsentieren können: Während es den Winzern auf dem einen Weinberg gerade die Ernte verhagelt, herrscht drei Hügel weiter eitel Sonnenschein. Während man an den einen Weinhängen fröhlich Fungizide sprüht, spazieren die Weinbauern drei Dörfer weiter durch pilzfreie, trockengewehte Weinberge. Während die einen kurz vor dem desaströsen Regen die Lese eingefahren haben und großartige Weine aus dem Keller zaubern, haben die Nachbarweingüter einfach zu spät losgelegt – und pumpen nur noch dünne Säftchen durch die Abfüllanlage. So kann ein und das gleiche Jahr für die einen Weingüter der Region ein guter, für die anderen ein schlechter Jahrgang sein.

Es kommt also von Fall zu Fall tatsächlich ganz entscheidend auf den Jahrgang an. Insofern muten die Diskussionen ein wenig akademisch an. Doch generelle Jahrgangsempfehlungen, zum Beispiel in (Wein-)Zeitschriften, sollte man mit Vorsicht genießen. Zumal dann, wenn sie sehr früh bekannt gegeben werden. Dann haben die betreffenden Verköstigungsteams ihre Proben direkt vom Fass genommen und einen noch völlig unfertigen Wein begutachtet. Wie sich der Wein nach weiteren Bearbeitungsschritten (Schönen, Filtern etc.) und vor allem nach einem Verschnitt präsentiert, kann zu diesem Zeitpunkt nicht verlässlich beurteilt werden.

Sehr viel besser sind alljährlich neu veröffentlichte und neu bewertete Jahrgangstabellen, die die Entwicklung und Trinkreife der fertigen Weine in der Flasche berücksichtigen und die betreffenden Regionen differenziert beurteilen (also nicht einfach Bordeaux, sondern Médoc, Graves, St.-Emilion etc.).

Wie ausschlaggebend allerdings für die Flasche, die Sie da gerade in der Hand halten und zu kaufen gedenken, der Jahrgang wirklich ist, wird Ihnen nur einer sagen können: Ihr Weinhändler. Also fragen Sie! Wenn Sie einen haben.

Kir Royal

Der Kir Royal wurde in München erfunden

Er ist ein wenig aus der Mode gekommen, der Kir Royal. Das war mal anders. Die ungemein erfrischende Mischung aus Champagner (brut) und einem Schuss

Creme de Cassis (Johannisbeerlikör) war mal ein schicker In-Drink. Zunächst und vor allem in München. In den 8oern. In der Bussi-Gesellschaft.

Von München aus trat der Szene-Drink seinen Siegeszug in die populäre Genusskultur an. Helmut Dietl hatte mit seiner TV-Serie »Kir Royal« die Schicki-Micki-Szene der Alpenmetropole mit Sarkasmus aufs Korn genommen – und beiläufig dem Drink der versnobten Schickeria zu bundesweiter Popularität verholfen.

Erfunden wurde der Kir jedoch nicht in München, sondern in der Bourgogne! Hier schätzte man bereits Mitte des 19. Jahrhunderts eine als Blanc-Cassis bekannte Mischung aus trockenem, säurebetontem Weißwein (aus der Aligoté-Traube) und dem süßen Johannisbeerlikör. In der Gegend von Dijon lebten viele Likörfabriken allein vom Cassis-Bedarf, den diese auch über die Grenzen der Bourgogne hinaus gepflegte Aperitif-Sitte auslöste. Nach dem Zweiten Weltkrieg wurde aus dem Blanc-Cassis schließlich der sogenannte Kir, benannt nach jenem Mann, der dem Blanc-Cassis zu erneuter Popularität verhalf: Domherr Félix Adrien Kir.

Monsieur Kir, 1876 als Sohn eines Friseurs bei Dijon geboren, studierter Theologe und seit 1931 Domherr von Dijon, war eine durchaus streitbare Persönlichkeit. Er nahm am Ersten Weltkrieg teil, schrieb mit spitzer Feder gegen Kommunisten und Liberale, widersetzte sich 1940 in Dijon als Mitglied der Gemeindeverwaltung mit Bauernschläue den deutschen Besatzern, wurde verhaftet, zum Tode verurteilt – und wieder freigelassen. Ein Attentäter schoss ein ganzes Magazin auf ihn leer. Kir überlebte auch das.

Auch später ging der Gottesmann keiner Auseinandersetzung aus dem Weg. Schlagfertigkeit war dabei seine schärfste Waffe. Jugendlichen Atheisten, die die Existenz seines Gottes anzuzweifeln wagten, weil man ihn nicht sehen könne, entgegnete er trocken: »Keiner von euch hat jemals meinen Arsch gesehen. Und er existiert doch.«

Nach dem Krieg wurde Kir zum Bürgermeister gewählt (er blieb es bis zu seinem Tod 1968). Um den Likörfabriken in Dijon nach dem Krieg wieder auf die Beine zu helfen, machte er den Blanc-Cassis zum offiziellen Begrüßungsgetränk im Rathaus. Eine sehr erfolgreiche Strategie der Wirtschaftsförderung. Der Drink machte von sich Reden, die Cassis-Produktion erholte sich. Später adelte man den Kir unter Verwendung des trockenen Schaumweins Crémant de Bourgogne zum Kir Royal, der dann in besseren Kreisen auch gerne mit Champagner Brut getrunken wurde.

Heute ist der Kir Royal angesichts einer Vielzahl von konkurrierenden Aperitif- und Cocktailmoden weitestgehend in Vergessenheit geraten. Schade eigentlich!

Kirchenfenster

»Kirchenfenster« im Glas sind ein Zeichen für einen besonders großen, gehaltvollen Wein

Zur bunten Palette der Abgrenzungsrituale vor allem von Möchtegern-Kennern gegenüber Laien gehört beim gemeinsamen Verköstigen von Wein eine kritische Inaugenscheinnahme des Glases. Und zwar vor dem ersten Schluck, nachdem man den Wein lediglich ein wenig geschwenkt hat. Mit bedeutungsschwerer Miene wird dann ehrfürchtig irgendetwas wie »Mein Gott, was für Kirchenfenster! Romanisch! Der Wein hat Körper! Ein großer Tropfen!« vor sich hingemurmelt.

Solcherlei liturgisches Wein-Gesäusel hinterlässt natürlich Eindruck. Beim Laien. Auch Irritation. Hat man da was übersehen? Kirchenfenster? Was sieht der da im Weinglas? Biblische Szenen? Weissagungen der Propheten?

Wenn man als Laie den Mut aufbringt, jetzt für brutalstmögliche Aufklärung zu sorgen, dann fragt man nach – und erhält vermutlich folgende Antwort: »Hier! Sehen Sie das? Wie der Wein am Glas gaaanz langsam in Form von Tränen hinunterläuft, nachdem man ihn geschwenkt hat? Und dazwischen Schlieren – oben rund, manchmal auch spitz –, die nennt man Kirchenfenster. Sind ein Zeichen für erstklassige, gehaltvolle Weine!«

Jetzt weiß man wenigstens, was »Kirchenfenster« und »Tränen« sind (im Englischen auch »Beine« genannt). Warum die aber auf einen »großen Tropfen« hinweisen sollen, weiß man nicht. Auf weitere Nachfrage kommt in der Regel – nichts. Möchtegern-Kenner eben. Bestenfalls – aber wirklich nur bestenfalls – kommt eine Legende. Die Legende vom Glycerin. Die geht in der Kurzfassung so: Während der alkoholischen Gärung entstehen in »großen« Weinen neben dem »Trinkalkohol« Ethanol auch hochwertige Alkohole, wie zum Beispiel Glycerin, das ölig, süß und vollmundig daherkommt. Und dieses Glycerin habe eine sehr viel höhere Viskosität, sei also sehr viel zähflüssiger als das im Wein befindliche Wasser – und verhindere deshalb, dass der Wein schneller und ohne Spuren am Glas zu hinterlassen wieder nach unten sinkt.

Hört sich gut an, denkt man sich. Ist aber kompletter Blödsinn, hört man bei weiterführender Recherche aus berufenem Munde, nämlich dem von Physikern. Nicht »Viskosität« sei des Pudels Kern, sondern »Verdunstung«. Genauer: Die unterschiedliche Verdunstungsgeschwindigkeit der beiden Hauptbestandteile von Wein: Wasser und Alkohol. Der im Wein vorhandene Alkohol verdunstet am Glasrand schneller als Wasser. Dadurch verändert sich die Oberflächenspannung der am Glas hochgeschwappten Flüssigkeit dergestalt, dass sich die verbleibende Flüssigkeit zusammenzieht, anschwillt und schließlich der Schwerkraft folgend in Form von Tränen das Glas hinunterfließt – Schlieren, also Kirchenfenster dabei hinterlassend.

Der Beweis: Reines Wasser hinterlässt ebenso wenig Kirchenfenster wie reiner Alkohol. Und deckelt man ein Glas Wein, an dem man zuvor tränenreiche Kirchenfenster beobachtet hat, dann ist bald Schluss mit dem ganzen Zauber. Es kann ja nichts mehr verdunsten. Wäre die Zähflüssigkeit des Glycerins entscheidend, dann würden auch in diesem Versuchsaufbau am Küchentisch Tränen kullern. Die sind demnach bestenfalls ein Beweis für einen gewissen Alkoholgehalt – ab 12 Prozent treten sie besonders deutlich auf.

Sollte Ihnen also noch einmal ein Möchtegern-Kenner mit Kirchenfenster-Gemurmel begegnen, dann murmeln Sie zurück. Ganz lässig: »Thomson! James Thomson! ›Tränen eines starken Weins!‹« Und dann klären Sie auf: Dass es nämlich Thomson war, der englische Physiker, der bereits 1855 das Tränenphänomen beschrieben hat. Wow, wird man denken, ein Checker.

Und sollte das Wort Glycerin fallen, dann lächeln Sie einfach. Souverän. Sie sind schließlich ein Kenner. Ein echter Wein-Checker.

Klimaerwärmung

Wein wächst nur zwischen dem 30. und 51. Breitengrad

Nördlich der Ahr, neuerdings von Saale-Unstrut, geht nichts mehr. Weintechnisch gesehen. So lautete lange Zeit das Diktum des Weinbaus für die nördliche Halbkugel. Und abgesehen von ein paar Experimenten auf Sylt (s. S. 160), bei Berlin, in Mecklenburg-Vorpommern und von einer Handvoll Winzer in Dänemark, ist das bis heute so. Doch das wird sich ändern. Denn im Weinbau (wie überhaupt in der Landwirtschaft) macht sich die prognostizierte Klimakatastrophe schon seit einiger Zeit praktisch bemerkbar.

Da musste in der Champagne 2007 bereits Ende August die Ernte eingefahren werden, so früh wie seit dem 19. Jahrhundert nicht. Im Elsass wurde der Lesezeitpunkt vom Oktober auf den September vorverlegt. Was auch nicht von Pappe ist, wenn man berücksichtigt, dass vom Ende der Blüte bis zur Ernte der Beeren gerade einmal 100 Tage liegen – normalerweise. Ein weiteres Indiz für die Wärmezunahme: Die in den Weinkellern erzielten Alkoholwerte sind in dieser eher trockenen französischen Region in den letzten 30 Jahren um gut 2 Prozent gestiegen.

Auch deutsche Winzer berichten seit zehn Jahren immer wieder von Rekordwerten: Früheste Rebblüte aller aufgezeichneten Zeiten, höchste Mostgewichte, früheste Erntezeiten. Seit den späten 90ern verzeichnet man die besten Jahrgänge seit 100 Jahren. Man redet mittlerweile nicht mehr über Probleme, die Trauben reif zu bekommen, sondern vom Gegenteil, von der Reifeverzögerung. So sehr knallt die Sonne mittlerweile auch in Deutschland in die Weinberge.

Doch wo viel Sonne, da ist auch einiges an Schatten: In Württemberg beginnt der traditionelle Trollinger in der Hitze mancher Jahre bereits vor Stress aus dem letzten Loch zu pfeifen. Und um Eisweine, die den späten Frost brauchen, wird man sich zukünftig wohl prügeln müssen, so selten wird man sie in Flaschen füllen können.

Mehr Wärme bedeutet zudem für so manche Region und ihre traditionellen Trauben eine größere Fäulnisanfälligkeit, höhere Zuckerwerte und höhere Alkoholwerte – auf Kosten von Substanz, Frucht, Aroma und Stabilität. Von den schon heute in den nördlichen Regionen zunehmenden Krankheiten und Schädlingen, die man früher allein im Süden kannte, ganz zu schweigen.

Die Anbauzonen werden sich also verschieben. Nach Norden. Und was sich heute noch im Süden wohlfühlt, wird schon bald allein im Norden noch gedeihen können. Für das Elsass prognostiziert man bereits in 25 Jahren ein Klima wie im Süden, wie in Lyon. Im Bordeaux und an der Rhône soll es um 2050 so heiß sein wie in Spanien – die Königreiche der französischen Weinkultur werden versteppen. Für das Elsass rät man von berufener weinakademischer Seite, sich langsam auf den Niedergang von Riesling, Pinot Blanc, Sylvaner und Gewürztraminer vorzubereiten und erste Gedanken an Cabernet Sauvignon oder Merlot zu verschwenden.

Das Gleiche gilt für Deutschland. Riesling? Riesling wird Vergangenheit sein. Die Zukunft gehört Merlot und Cabernet Sauvignon, mit denen man schon in Württemberg experimentiert. Und am Kaiserstuhl wagt man sich bereits an die italienische Barolosorte Nebbiolo ran.

Und im Süden? In den heute schon heißen Regionen? Da wird es noch heißer. Von Säure und Aroma werden die Winzer dann nur noch träumen können. Spekuliert wird bereits, ob nicht Portugal mit einigen hitzeresistenten Rebsorten aushelfen könnte: Touriga Francesca, Tinta Roriz oder Tinta Barocca?

Im Südwesten Englands schauen sich bereits heute Vertreter französischer Champagnerhäuser um, was dort wohl in Zukunft gehen wird. Einiges wird da gehen. Die Böden sind denen der Champagne ähnlich. Wein wird hier auch bereits angebaut. Wenn's in England soweit ist, will man dabei sein, als Franzose.

Die Zukunft des Weins wird also viele Überraschungen bereithalten. Und man kann das alles sehr spannend finden. Sicher. Man kann das alles aber auch sehr traurig finden. Denn wir reden über nichts anderes als über eine Katastrophe. Und bei aller Liebe zu Barolo, aber wer trinkt schon gerne in Köln – an den Gestaden der Nordsee – einen Nebbiolo vom Kaiserstuhl?

Kochwein

Zum Kochen kann man auch billigen,
ja sogar fehlerhaften Wein verwenden

Es gibt kaum ein Thema, das die Gemüter in Küche und Weinkeller derart in erregte Schwingung geraten lässt, wie die Frage nach der (notwendigen) Qualität eines Kochweins. Den Austausch der Meinungen pflegt man – Kochlöffel wie Keulen bedrohlich schwingend – aus Schützengräben zu führen.

In dem einen reklamieren die Gralshüter der Haute Cuisine seit eh und je, dass nur aus Spitzentröpfchen eine wahrhaft genießbare Sauce zusammenzuköcheln sei. Im Graben gegenüber sitzt die gegnerische Fraktion und stimmt mit erregtem Tremolo die ebenso altbekannte Weise an, dernach man in den Kochtopf auch die billigste Provenienz kippen kann, ja sogar Weine, die fehlerhaft sind, einen Korkton aufweisen. Weil: Verdampft ja eh alles! Da ist kein Friede in Sicht. Zumal die Wissenschaft die Kombattanten mit einem eklatanten Mangel an belastbaren Erkenntnissen, was eigentlich mit dem Wein beim Kochen genau geschieht, ziemlich im Regen stehen lässt.

Wollte man die Erkenntnisse von ideologiefreien Praktikern auf einem kleinsten gemeinsamen Nenner zusammentragen, dann ergäben sich in etwa folgende, aus Erfahrungen getragene, einfachen Weisheiten:

1) Man sollte keinen fehlerhaften Wein zum Kochen verwenden. Schmeckt der Wein nach Kork oder irgendeinem anderen Fehlton – nach Schweinestall, Schweißfüßen oder Kerosin –, dann sollte man ihn umstandslos entsorgen. Diese Fehltöne setzen sich im Kochtopf fort. Ein leichter Fehlton mag in einer kräftig gewürzten Sauce von anderen, dominanteren Aromen übertönt werden. Es bleibt aber ein Vabanquespiel.

2) Einen sündhaft teuren Spitzenwein zu verkochen ist vor allem etwas für Snobs. Einen eingekochten Château d'Yquem oder einen Mouton-Rothschild im Schmortopf können später selbst die größten Spezialisten nicht herausschmecken – Komplexität, filigrane Ausgewogenheit und jede Menge flüchtige Geschmacksstoffe verabschieden sich nämlich als Erste unter Hitzeeinwirkung. Da bleibt vom Mouton nicht viel. Ein korpulenter Grenache oder Merlot eignet sich da viel mehr – vor allem für gehaltvolle Saucen mit kräftigen Aromen.

3) Erprobt hat sich auch die simple Logik, zum Kochen eine einfachere Version des Trinkweins zu verwenden. Der Burgunder im Bœuf Bourguignon kann sicherlich preisgünstiger und einfacher gestrickt sein als der Burgunder dazu im Glas etc.

4) Ansonsten gilt: Je mehr der Wein geschmacklich im Vordergrund stehen soll und je später er deshalb der Sauce, der Suppe oder der Süßspeise zum Aromatisieren zugefügt wird, desto besser sollte er sein, egal ob Weiß-, Rot- oder auch Süßwein. Wie viel ein solcher Wein Ihnen wert ist, bleibt letztlich natürlich Ihnen überlassen.

Welcher Weintyp – unabhängig von der Qualität – im Einzelfall für ein finales Gaumenvergnügen benötigt wird, das sollte das Rezept oder intensiveres Nachdenken hergeben. Übrig bleiben nach längerem Köcheln vor allem Säure oder süße (Röst-)Aromen. Der Wein sollte entsprechend dem gewünschten Charakter der Sauce ausgesucht werden. Wo kaum Säure drin ist, kann auch kaum Säure übrig bleiben. Das Gleiche gilt für Restzucker und Fruchtaromen.

Egal, wie man es mit dem Wein in der Küche hält: Trinkbar sollte er in jedem Fall sein, der Kochwein. Gilt nicht für jeden Koch das Diktum eines Unbekannten der Zunft, der einst zu Protokoll gab: »Ich liebe es, mit Wein zu kochen! Manchmal gebe ich ihn sogar ins Essen.«

Kochen und Wein

Wer in die Küche geht,
sollte den Wein nicht scheuen

Wein ist nicht nur die impulsive Begleitmusik zum Essen. Wein ist auch nicht nur der elementare Lebenssaft vieler Saucen. Wein ist vor allem ein treuer Weggefährte des Kochs und der Köchin auf dem verschlungenen Pfad durch die Instanzen einer Menüfolge. Und Wein sorgt auf diesem Pfad bisweilen für fantastische Entgleisungen. Die schönste Ode an eine solche Entgleisung stammt aus der Feder des kabarettistischen Multitalents und Verseschmieds Fritz Eckenga. Sie soll an dieser Stelle zur geflissentlichen Nachahmung zitiert sein:

Der Wein war ein Gedicht

Kartoffeln schälen
Möhren schaben
Derweil schon sich am Weißen laben.
Fisch beträufeln
Und gelassen
Den Roten abseits atmen lassen.

Tomaten vierteln
Schoten waschen
Na gut – noch mal vom Weißen naschen.
Fischbett machen
Ofen wärmen
Vom Bukett des Roten schwärmen.

Fisch ins Bett
Bett ins Rohr
Schmeckt der Weiße nach wie vor?
Durchaus! Chapeau!
War auch nicht billig
Der Rote riecht extrem vanillig.

Geiter Zwang –
Quatsch: Zweiter Gang!
Weißer – bist ein guter Fang!
Wühnchen haschen?
Hühnchen waschen!
Wird daschu der Rote paschen?

Mussich kosten
Junge Junge
Der liegt ewig auf der Zunge!
Tut mir lei – Hicks
Tut mir leiter
Dagegen ist der Weiße Zweiter!

Huhn muss raten?
Braaaten! Rohr –
Fisch vergessen – kommt mal vor!
Kann nix machen
Muss zum Müll
Der Rote macht mich lall und lüll.

Dummes Huhn
Bis morgen dann
Heut leg' ich keine Hand mehr an
Dein Fl – Dein Fl –
Dein tzartes Fleisch
Wo far denn noch die Wlasche gleisch?

Versteckdichnich!
Ich finde dich!
Heutkochichnich heuttrinkichdich!
Da bissuja
Mein roter Bruder
Dadi Dadu Dadi Daduda!

Kohlensäure

*Schaumwein macht genauso blau
wie normaler Wein auch*

Stimmt! Denn Schaumweine haben in der Regel einen ähnlichen Alkoholgehalt wie Wein (ca. 12 Prozent).

Aber mit Prickelwasser geht es schneller! Wer, aus welchen Gründen auch immer, eine zügige Tiefenentspannung und/oder eine gelöste Zunge wünscht, sollte sich auf Champagner, Sekt und Co. verlassen.

Der Grund ist simpel: Kohlensäure. So sagt man jedenfalls, wenn man an die hübschen kleinen Bläschen denkt, die da in feinen Fäden so atemlos zur Freiheit, ans Licht drängen. In Wirklichkeit handelt es sich dabei aber nicht um die extrem instabile Kohlensäure, sondern um freigesetzte Kohlendioxid-Bläschen. Das aber nur am Rande.

Entscheidender für die Turbo-Tiefenentspannung ist: Das, was man landläufig als Kohlensäure bezeichnet, was aber eigentlich Kohlendioxid ist, bewirkt eine mechanische Reizung der Magenwand und allein schon auf diesem Weg eine beschleunigte Aufnahme des Alkohols.

Darüber hinaus provoziert auch das bereits absorbierte Kohlendioxid eine höhere Durchblutung der Schleimhaut mit der Folge einer weiteren Beschleunigung der Alkoholaufnahme. Das in Studien belegte Ergebnis: 30 Gramm Ethanol, genossen in Form schäumenden Champagners, führen nach 40 Minuten zu einem fast doppelt so hohen Blutalkohol wie in Form von Champagnerwein ohne Kohlensäu..., nein, Kohlendioxid (0,39 Promille).

Die Schaumwein-Probanden benötigten zudem dreimal so lange, um in der Peripherie jemanden oder etwas wahrzunehmen (200 Millisekunden länger als nüchtern) wie die Probanden mit dem stillen Wein (50 Millisekunden länger).

Das mit der Wahrnehmung kann natürlich Nachteile haben. Am Steuer zum Beispiel. Andererseits: In den meisten Champagnerlaunen ist die Peripherie eher lästig. Da interessiert einen sowieso nur das direkte Gegenüber.

Korken

Wein
Irrtum

*Am frisch gezogenen Korken kann
man riechen, ob der Wein o.k. ist*

Auf einfachen Weinfesten am rustikalen Jausentisch
kann man es bis heute immer wieder beobachten: Mit
Kennermiene hält sich der Gast den Korken der gerade
geöffneten Weinflasche unter die Nase und schnüffelt.
In der gehobenen Gastronomie erlaubt sich der Weinkellner gleiches Procedere am Tisch der Gäste. Oder er
reicht den Korken zum gleichen Behufe dem Gast.

Und was riechen die da? Man kann da viel riechen.
Zum Beispiel nichts. Das wäre ein gutes Zeichen. Oder
den ein wenig nach Baumrinde riechenden Korken, was
auch eher angenehm ist. Eher angenehm ist es auch,
wenn der Korken nach Wein riecht. Man kann aber
auch muffige Töne riechen, die an ungeputzten Kartoffelkeller erinnern, oder den schlimmen Korkschmecker
und andere Spaßverderber. Und was sagt das dann aus?

Auf die Gefahr hin, betonierte Gewissheiten und ihre
Träger herauszufordern: nichts! Zwar kann sich ein am
Korken festgestellter Fehlton auch im Glas bestätigen.
Er muss das aber nicht! Selbst Weine, deren Korken ent-
setzlich verdächtig müffeln, können sich im Glas als
völlig korrekt erweisen. Der Korkengeruch sagt also
nicht sonderlich viel aus.

Im Gegenteil: Wenn man erst einmal den Fehlton eines
Korkens in der Nase hat, blockiert man damit seine
Riechzellen – und seine Psyche. Wie bei einer self-fulfil-
ling prophecy wird man anschließend im Glas nach einer
Bestätigung dessen suchen, was man da in der Nase hatte.
Und man wird vermutlich finden, was gar nicht da ist.

Bei alten Weinen verweist ein feuchter oder ange-
trockneter Korken auf einen fehlerhaften Korken oder

eine fehlerhafte Lagerung. Aber das sieht man. Das kann man auch fühlen. Aber das riecht man nicht. Auch ein an der Oberseite verschimmelter Korken wirkt sich nicht auf die Qualität des Weins aus.

Von der ganzen Korkschnüffelei bleibt unter dem Strich nicht viel mehr als ein überkommenes Abgrenzungsritual, das Kompetenz vorgibt, und denjenigen, der riecht, als Kenner der Materie ausweisen soll. Vor allem gegenüber dem Laien.

Die Wahrheit im Fußball ist »aufm Platz« – und beim Wein im Glas. Hier entscheidet sich, ob der Wein in Ordnung ist oder nicht. Im Restaurant zumal sollte ein Weinkellner den Wein entweder öffnen und begutachten, bevor er ihn an den Tisch bringt. Oder er öffnet die Flasche am Tisch und überlässt dem Gast die Prüfung. Sich selbst oder gar dem Gast den Korken (auf einem Schälchen) unter die Nase zu halten, kann er sich sparen.

Sollte beim nächsten Mal also so ein gestelzter Vogel an Ihren Tisch kommen und mit gewichtigem Gestus den Korken ziehen, um anschließend den Schnüffelritus zu vollziehen, dann bedeuten Sie ihm, dass er sich zu Ihnen hinunterbeugen möchte. Und dann flüstern Sie ihm ins Ohr, dass er wunderschöne Lackschühchen anhat. Dass er sich aber bitte den Zirkus mit dem Korken bei der nächsten Flasche verkneifen soll.

Korkschmecker

Schuld am Korkschmecker ist der Korken

Das Inferno folgt einer klassischen Inszenierung: Auf dem Tisch die Flasche, Mythos das Weingut, Mythos der Jahrgang, unzählbar die Jahre im Keller, masochistisch der Preis. Das Gewinde des Korkenziehers schneidet sich bedächtig durch das Fleisch des unanständig langen Korkens. Schließlich gibt er den Weg frei. Ein verheißungsvolles, sattes Gurgeln begleitet den Weg des kostbaren Traubensaftes ins Glas. Jetzt gilt's! Jetzt muss der rote Bruder zeigen, was er kann!

Und dann das! Man schnüffelt am Bouquet, in bebender Erwartung. Man erwartet Brombeere, Holunder, auch Anklänge von Lakritz oder Kakao. Und was riecht man? Nassen Feudel! Feudel, mit dem man den Kartoffelkeller gewischt hat. Vielleicht auch Anklänge von nassem Karton. Toll! Das war's! Aus! Vorbei! In den Gulli mit der Pulle!

Korkschmecker nennt man den millionenfach rund um den Globus wütenden Spielverderber. Auch einfach Korkser. Und es liegt – schon semantisch – nahe, den Naturverschluss Korken haftbar zu machen als Ursache allen Übels. Weil er vielleicht rissig oder bröselig oder zu feucht geworden ist? Könnte man meinen. Ist aber Unsinn. Unmittelbar kann der Korken nämlich gar nichts dafür, dass der Wein einen Korkschmecker hat. Zumal das, was man da riecht, gar nicht nach Kork riecht. Kork riecht nämlich angenehm, nach – nun ja – Kork eben.

Schuld an dem, was man als »Korkschmecker« bezeichnet, ist vielmehr ein Trichloranisol genanntes, sehr geruchsintensives Stoffwechselprodukt. Und an dessen Produktion sind eine Menge Teamplayer beteiligt. Die fatale Kaskade der Ereigniskette beginnt in der Natur: Von Natur aus befinden sich nämlich in der Korkrinde Phenole. Was nicht weiter schlimm wäre. Doch treffen diese Phenole auf chlorhaltige Substanzen, dann bilden sich sogenannte Trichlorphenole. Das Problem: Chlorhaltige Substanzen gibt es in der Umwelt so gut wie überall – in Pflanzenschutzmitteln (also auch in den Korkwäldern), in Holzschutzmitteln (also auch im Winzerkeller) und vor allem in den Bleichmitteln (bis Mitte der 8oer) sowie in den Reinigern, mit denen die Korkenhersteller ihr Naturprodukt reinig(t)en.

Die letzte Stufe zündet in dem Moment, wo Schimmelpilze ins Spiel kommen. Die können in den Poren des Korkens sitzen oder sich von außen dazugesellen. Schimmelpilze lieben feuchte Milieus. Und davon gibt's bei der Korkenherstellung genug, sei es durch den Wasserdampf zum Glätten, beim Auskochen oder Reinigen. Mithilfe der Schimmelpilze findet in den Poren des Korkens schließlich der mikrobielle Umbau der, wenn auch nur in Spuren vorhandenen, Chlorgifte in den Geschmackskiller Trichloranisol statt, den man einfach auch TCA nennt.

Werden die Korken also nicht entsprechend gereinigt und erfolgreich gegen TCA behandelt, mutieren sie im Flaschenhals zum Scharfrichter eines jeden Weins. Denn von dem ihnen anhaftenden TCA bedarf es nur winzigster Mengen, um jedes Trinkvergnügen in einen GAU zu verwandeln: Beim etwas empfindlicheren Weißwein reichen bereits zwei Milliardstel Gramm pro Liter (0,000000001 Gramm), beim roten Bruder vier Milliardstel!

Dass viele Winzer und vor allem Kunden mittlerweile auf Alternativen wie Schraub- oder Glasverschluss setzen, liegt also auf der Hand. Dass man sich damit auf der sicheren Seite befindet, ist allerdings ein Irrglaube (s. S. 52), wenngleich ein weit verbreiteter.

Korkschmecker

Mit dem Porno-Set gegen Korkschmecker

Gemeinhin gilt dem gemeinen Weintrinker ein ehernes Gesetz: Gegen Korkschmecker ist kein Kraut gewachsen! Wenn der erst mal drin ist, gibt es nichts, womit man den wieder rausbekommt. Gibt es aber doch! Angeblich jedenfalls.

Zum einen geistert da immer wieder die »Klarsichtfolien-Technik« durch die Gemeinde der Weinverzweifelten: Man füllt den Wein in ein Glas oder – besser noch – in eine Karaffe mit möglichst engem Hals, dann legt man für 10 Minuten bis zu einer Stunde (oder auch mehr) ein großes Stück Klarsichtfolie in den Wein. Die soll die Moleküle des Korkschmeckerverursachers (Trichloranisol, ein extrem geruchsintensives Stoffwechselprodukt, s. S. 90) an sich binden. Folie raus, Fehlton weg. So die Theorie.

In der Praxis ist das zunächst einmal eine ziemliche Sauerei. Mit Rotwein allzumal. Die rausgezogene Folie riecht und schmeckt allerdings tatsächlich nach dem bekämpften Fehlton. Nur: der Wein leider allzu oft auch noch. Vielleicht nicht mehr so intensiv wie vorher. Aber perfekt geht anders!

Die zweite Anti-Korkschmecker-Technik ist seit 2005 auf dem Markt erhältlich, stammt aus Frankreich und trägt einen verheißungsvollen Namen, hinter dem man auch ein Porno-Produkt vermuten könnte: »Dream Taste«. Das Set besteht aus einer sich nach unten verjüngenden Karaffe und einem exakt der Karaffenform angepassten Filter, sinnfälligerweise in Form einer hängenden Weintraube. Das ganze Starterset kostet 40 Euro.

Der von TCA gebeutelte Wein soll nunmehr in die Karaffe und über den darin befindlichen Filter gegossen werden, dessen »Co-Polymere« die TCA-Moleküle an sich binden sollen. Theoretisch ist, je nach Schwere der TCA-Kontaminierung, der Fehlton nach 30 Minuten bis einer Stunde verschwunden.

Den Filter kann man danach wegschmeißen. Für die nächste TCA-Sitzung kann man einen neuen bestellen. Kostet 5 Euro. Da wird aus einem einfachen Tischwein mit Korkschmecker preislich ganz nonchalant ein hübscher Mittelklassewein. Preislich. Ob er geschmacklich nach der Porno-Behandlung wieder wie der gewohnte Tischwein schmeckt, darf man allerdings bezweifeln. Da gibt es nämlich ganz unterschiedliche Erfahrungswerte. Bei Blindverköstigungen fallen die »Dream Taste«-Weine auch schon mal komplett durch. Außerdem ist kaum dranzukommen an das Set. Selbst im Internet wird ein Konsum-Versuch schnell zum Irrläufer.

Fazit: Man kann so Einiges veranstalten in dem restlos verzweifelten Versuch, sein Geld zu retten. Man kann sich aber auch einfach damit abfinden, dass die betreffende Flasche Wein schlicht hinüber ist. Und die nächste öffnen. Und mit der kann man sich dann trösten. Das geht.

Lagerfähigkeit

Wein gewinnt an Klasse, wenn man ihn ein paar Jahre in den Keller legt

Es ist keine Frage des Gewinnens. Es ist eine Frage des Überlebens! Nur wenige Weine verkraften nämlich eine länger als zwei oder drei Jahre während Existenz in der

Flasche. Sie wollen, im Gegenteil, schnell getrunken sein. Über 90 Prozent aller Weine werden genau dafür produziert: »Gekauft, getrunken« heißt die Devise.

Den Prozess, den der Wein in der Flasche durchläuft, nennt man landläufig Reifung oder Verfeinerung, was aber nichts anderes als eine Art Feinoxidation ist. Das heißt, dass der im Wein während der Vinifizierung eingetragene Sauerstoff – wie bei der Reifung zuvor im Edelstahltank oder Holzfass – mit den im Wein enthaltenen chemischen Substanzen reagiert (s. S. 72). Das Ende vom Lied sind im besten Falle perfekt miteinander verschmolzene, vielschichtige Aromen, die bestens integriert sind in ein weiches und dennoch tragendes Gerüst aus Säure und/oder Gerbstoffen.

Überleben wird ein Wein eine 5-, 10-, 20-jährige oder noch sehr viel längere (auch 100 Jahre geht) Reifung auf der Flasche jedoch nur dann, wenn er zum Sauerstoff ausreichend Gegenspieler an Bord hat: vor allem Gerbstoffe (Tannine), Säure, Zucker, Alkohol als Konservierungsmittel und nicht zuletzt Schwefel (s. S. 137) als ein weiteres wichtiges Antioxidans.

Beim Rotwein spielen die Tannine aus den Traubenschalen (bisweilen werden sogar auch die gerbstoffhaltigen Stiele mitvergoren) bzw. aus dem Holz der Barriques (s. S. 23) eine größere Rolle als beim Weißwein. Der wird nämlich ohne Schale vergoren und bis auf wenige Ausnahmen (zum Beispiel Chardonnay, Sauvignon Blanc, Semillon) auch nicht im Barrique ausgebaut. Bei Weißwein bestimmen eher Säure und/oder Zucker die Langlebigkeit. Ist beides in ausreichender Fülle vorhanden, garantiert das auch beim Weißwein ein Methusalemalter: Die mit hoher Restsüße ausgestatteten Spät- und Auslesen oder gar edelsüßen Varianten aus der säurelastigen Rieslingtraube können jahrzehntelange Lagerfähigkeiten aufweisen.

Während der Reifung bzw. Verfeinerung werden die Tannine im Rotwein, die sich allzu jung noch mit einem pelzig-stumpfen Mundgefühl unangenehm bemerkbar machen, weicher und runder. Die Säuren werden langsam abgebaut und verlieren ihre Aggression. Alles in allem wirkt der Reifungsprozess wie eine Befriedungsmission.

Wie lange im Einzelnen welcher Wein im Keller vor sich hin dösen kann, ist von Fall zu Fall unterschiedlich. Da ist man auf die Erfahrungswerte der Hersteller und der Fachleute angewiesen. Ohne einen Blick in die entsprechende Weinliteratur oder den Tipp eines kompetenten Weinhändlers ist man als Kunde aufgeschmissen.

Zumal lagerfähige Weine nicht zwangsläufig über die gesamte mögliche Distanz liegen *müssen*. Man kann sie auch *vor* ihrem prognostizierten Höhepunkt genießen (eine Dekantierkaraffe ist in solchen Fällen ein segensreicher Helfer, s. S. 42). Doch Vorsicht: Vor allem Bordeaux, aber auch andere Spitzengewächse neigen dazu, sich nach einer anfänglichen Fruchtphase wieder völlig zu verschließen. Wenn Sie Glück haben, hat Ihr Weinhändler den betreffenden Jahrgang gerade selbst probiert und wird Ihnen sagen können, ob er sich schon wieder geöffnet hat. Wenn nicht, müssen Sie das Risiko selber tragen. Es gibt Schlimmeres.

Lagerung

Wein muss liegend gelagert werden

Man kennt sie ja, die Bilder von den vinophilen Schatzkammern, in denen die kostbarsten Rebensäfte lagern, Legenden, die der Normalsterbliche nur vom Etikett – wenn überhaupt – kennt. In den Kellern dämmern sie ihrer eigentlichen Bestimmung entgegen: im Rahmen eines inszenierten Hochamts von erlauchten Nasen degustiert zu werden. So mancher Tropfen in diesen Katakomben weist ein nahezu antikes Geburtsjahr auf. Das beeindruckt. Und eins ist allen Schatzkammern gleich: Die Flaschen liegen!

Muss also was dran sein. Wenn die erlauchten Nasen das so machen, dann sollte man als Normalsterblicher in den Niederungen des Tafelweins das besser auch so machen. Liegen scheint dem Wein gut zu tun. Und in der Tat, fürs Liegen gibt es zwei Gründe. Der erste folgt einem von Angst getriebenen Motiv. Der zweite praktischen Überlegungen.

Angst hat man als Weinarchivar vor allem vor Sauerstoff, einem gefährlichen Weinkiller. Das erste Abwehrbollwerk gegen Sauerstoff besteht im Verschluss. Der sollte dicht sein, und zwar richtig dicht (die Mär vom »atmenden« Wein im Keller ist längst widerlegt, s. S. 18). Früher waren *alle*, heute sind nach wie vor *viele* Flaschen mit einem Natur- oder Presskorken verschlossen. Die größte Angst besteht nun darin, dass derselbe austrocknet. Denn dann schrumpft er. Und wenn er schrumpft, wird er undicht. Sauerstoff dringt ein und der Wein ist hin. Also legt man die Flasche, mit der Folge, dass der Korken permanent vom Wein befeuchtet wird.

Die Theorie ist gut, aber eben auch widerlegt: Ob man die Flasche hinlegt oder stellt, ist gleichgültig. Auch beim stehenden Wein beträgt die Luftfeuchtigkeit in dem kleinen, ca. drei Zentimeter hohen und weinfreien Flaschenhals nahezu 100 Prozent. So bleibt auch stehend jeder Korken feucht.

Austrocknen kann er allerdings von außen. Wenn der Keller oder Lagerraum zu trocken ist. Weshalb man früher prophylaktisch Siegellack oder eine Bleikappe über den Flaschenhals stülpte. Heute sind Alukappen das Mittel der Wahl. Wer also das Schrumpfen der Flaschenkorken verhindern will, sollte vor allem auf eine relativ hohe Luftfeuchtigkeit im Lagerraum (optimal: 60–80 Prozent) achten. Für Weine, die mit den sehr viel dichteren und zuverlässigeren Schraub- (Stelvin Cap) oder Glasverschlüssen ausgestattet sind, erübrigen sich hingegen alle Phobien vor arider Ödnis. Die kann man auch in eine rappeltrockene Lagerstätte ... stellen.

Für eine liegende Lagerung spricht aber vor allem eine praktische Erwägung: Sie ist platzsparend. Regalsysteme, in denen die Flaschen in einem Einzelfach liegen, haben zudem den ungemeinen Vorzug, dass man mit einem Griff eine Flasche aus dem Regal ziehen und das Etikett lesen kann. Was einem eine Menge dummer Bemerkungen erspart, wenn oben die Gäste auf Nachschub warten und nun endlich wissen wollen, wie gut der Pauillac von 1989 denn nun wirklich ist.

Wein kurios

Lagerung

Ein seltsames Spiel: Weine versenken!

Chasselas-Weine stehen nicht unbedingt im Ruf, besonders lagerfähig zu sein. Was vor allem die ärgert, die hauptsächlich Chasselas-Weine herstellen – die Schweizer. In der Schweiz ist Chasselas (Gutedel) die tatsächlich meistangebaute Rebsorte. Auch am beschaulichen Genfer See stehen die Chasselas-Reben in Reih und Glied. Und eben hier, am Genfer See bei Montreux, hat man sie 2010 versenkt. 400 Flaschen Chasselas. Nicht aus Wut. Nein, aus Experimentierlust.

Der Schweizer Önologenverband wollte es wissen: Wie lange und unter welchen Bedingungen kann man einen Chasselas am besten lagern? Also hat man eine Zinkkiste mit 400 Flaschen zweier Sorten bestückt, ans Seil gehängt und auf 30 Meter Tiefe abgesenkt. Tiefer wäre auch gegangen. Der See ist an der betreffenden Stelle 80 Meter tief. Wollte man aber nicht. Weil: In 30 Meter Tiefe findet der Wein optimale Bedingungen von 12 Grad Wassertemperatur vor. Hier ist es auch bereits komplett dunkel. Und eine konstante Feuchtigkeit sollte auch kein Problem darstellen.

Bis ins Jahr 2030 sollen nunmehr jedes Jahr mehrere Flaschen Wein entnommen und gemeinsam mit Flaschen aus dem Keller degustiert werden. Und dann wird man ja sehen, was für den Chasselas wohl besser ist. Und wie lang er kann.

Sollte sich der See als die überzeugendere Lagerstätte erweisen, könnte man auf Gedanken kommen, am Genfer See. Andererseits: Groß ist er ja, da bekommt man eine Menge unter.

Libido

*Man kann sich sein Gegenüber
schön trinken – und schön denken*

Wer eher promiskuitiv aktiv ist, weiß es sowieso. Wer eher monogam unterwegs ist, kann sich bestimmt noch erinnern. Und wer 20 Jahre verheiratet ist, bedient sich vielleicht aus purer Verzweiflung rückbesinnend der allseits und altbekannten Technik, sich sein Gegenüber, das Objekt libidinöser Begierde, schöner trinken zu können, als es eigentlich ist, das Objekt. Die graue Maus da drüben am Ende der Theke – mit jedem Glas Bordeaux wird sie Angelina Jolie ähnlicher. Und der straßenköterblonde Langweiler am Tisch gegenüber – nach ein paar Gläsern Beaujolais vollzieht er eine Metamorphose zu George Clooney. Je nach Lage der Dinge braucht man viele Gläser. Je nach Lage der Dinge kann der Abend teuer werden. Und am nächsten Morgen – der Wahrheit angesichtig – denkt man: War rausgeschmissenes Geld!

Dass die Technik des Schöntrinkens tatsächlich funktioniert, hat auch die Wissenschaft mit mehreren Studien hinlänglich bewiesen. Die Versuchsanordnung war jedes Mal ähnlich und simpel: Eine Gruppe Probanden konnte sich mit einem viertel Liter Wein locker trinken, eine andere Gruppe setzte man auf Saft und ließ ihnen damit einen nüchternen Blick auf die Dinge. Anschließend wurden Porträts des jeweils anderen Geschlechts vorgelegt, die man auf ihre sexuelle Anziehungskraft hin bewerten sollte. Und siehe da: Die Gruppe mit den tauben Backen hatte vor allem Feger, Granaten und Hengste vor Augen. Die trockene Kontrollgruppe hingegen sah Männer und Frauen. Diese Versuchsanordnung funktionierte übrigens auch mit Uhren. Fröhliche Wissenschaft.

So weit, so gut. Wirklich spannend aber sind die Forschungsergebnisse eines Wissenschaftlerteams an der University of Missouri: Die fanden heraus, dass es schon reicht, an Alkohol zu *denken*, dass schon die assoziative Erwartungshaltung reicht, sein Gegenüber sexuell anziehender zu finden. Man setzte eine Gruppe männlicher Studenten eine Zeit lang vor einen Computerbildschirm und blendete in dieser Zeit Worte ein, die mit Alkohol zu tun haben, also: »Wein«, »Bier«, »Whiskey« etc.

Einer anderen Gruppe blendete man Begriffe wie »Eis«, »Kaffee« oder »Espresso« ein. Und jetzt kommt's: Die Alkoholgruppe bewertete die anschließend auf Fotos gezeigten Studentinnen auf einer Notenskala als sexuell weitaus attraktiver als es die Kaffeegruppe tat. Obwohl die Alkoholgruppe nüchtern war. Stocknüchtern! Allein der durch unterbewusste Signale aufkeimende Gedanke an Alkohol reichte aus, den sexuellen Tunnelblick hervorzurufen, die Welt schöner zu sehen, als sie ist.

Das sollte man sich zu Herzen nehmen. Beim nächsten Mal. In der Bar. Angesichts der Preise! Man sollte an einen rassigen Riesling *denken*! Oder an einen filigranen Burgunder, vielleicht auch an einen schneidigen Champagner oder irgendeinen bunten Cocktail. Bestellen aber sollte man Wasser!

Und dann?

Schau'n mer mal ...

Wein kurios · Licht

*Bei Lichte betrachtet kann Wein
so oder so schmecken!*

Sie sitzen auf einer Restaurantterrasse an irgendeinem pittoresken Strand dieser Welt. Ein tolles Essen! Sonnenuntergang! Postkartenidylle! Und Ihr Gegenüber? Jede Sünde wert. Jede! Und das Beste: Ihr Gegenüber denkt genauso! Im Glas ein belebender, ungemein fröhlicher Weißer mit Anklängen von Pfirsich und Maracuja. Ein unvergesslicher Abend. Ein unvergesslicher Wein.

Zurückgekehrt in den grauen Alltag gehen Sie zu Ihrem Weinhändler und erzählen ihm vom Strand, vom tollen Essen, vom Gegenüber, vom Sonnenuntergang – und von diesem Wein. Sie geraten in post-ekstatische Zustände und wollen genau einen solchen Wein! Ihr Weinhändler überlegt sich derweil, ob er sich nicht besser erschießen soll. Einen solchen Wein gibt es nämlich nicht. Da ist so viel drin, das schafft kein Winzer der Welt.

Der Mensch nimmt seine Umwelt eben in der Regel mit allen Sinnen wahr. Und die erzeugen über ein wechselwirksames System eine sehr komplexe, je nach Einflüssen auch schwankende Wahrnehmung. Das gilt auch und vor allem für Wein. Ein und derselbe Wein kann mal so und mal so schmecken. Kennt jeder. Die eigene Laune, die Atmosphäre, die Musik, all das und noch viel mehr bestimmen die Wahrnehmung eines Weins. Auch Farben. Selbst Profis können sich dem nicht entziehen. Kippen Sie einem Weinkenner mal eine geschmacksneutrale rote Lebensmittelfarbe in den Weißwein. Der schmeckt Rotweinaromen! Ist alles erwiesen!

Wissenschaftler in Mainz haben jetzt herausgefunden, dass auch das Umgebungslicht ganz entscheidend die Wahrnehmung eines Weines beeinflusst. Großer Versuchsaufbau mit mehreren hundert Personen, im Glas ein Riesling aus dem Rheingau. Das Glas geschwärzt, damit die Probanden nicht sehen konnten, was drin ist. Und dann mussten sie probieren: in blauem Licht, in grünem, in neutralem weißen und in rotem.

In grünem Licht wurde der Riesling tendenziell als eher unangenehm sauer empfunden. In rotem Licht tauchten beim gleichen Wein mit einem Mal Aromen von roten Früchten auf. Ein und derselbe Wein schmeckte in rotem Umgebungslicht 1,5-mal süßer und fruchtiger als in blauem Licht.

Bei der Frage nach der Qualität des Weines gefiel der Rheingauer in blauem Licht besser als in grünem oder weißem Licht. Was nicht sonderlich verwundert, denn Blau ist im westlichen Kulturraum bei Erwachsenen mehrheitlich eine als angenehm empfundene Farbe.

Selbst die Spendierfreudigkeit wurde vom Umgebungslicht beeinflusst. In rotem Licht war man bereit, mindestens einen Euro mehr für die Flasche zu zahlen als bei grünem Licht. Warum das alles so ist, weiß die experimentelle Psychologie noch nicht genau zu sagen. Assoziative Erinnerungen könnten eine Erklärung sein: Grün verbindet man mit Unreife, Rot mit reifen, süßen Früchten. Aber nichts Genaues weiß man noch nicht.

Beim Spitzenwinzer Fritz Allendorf in Oestrich-Winkel im Rheingau kann man die Wirkung von Licht an sich selbst ausprobieren, in seiner sogenannten »Wein.Erlebnis.Welt« – eine Reise, die sich lohnt (www.allendorf.de).

Fazit: Wenn Sie einen Wein sensorisch möglichst neutral beurteilen wollen, dann sollten Sie das erstens morgens tun. Gegen zehn. Das ist angeblich die beste Zeit. Die Geschmacks- und Geruchssinne sind noch aufnahmebereit und sensibel. Sie sollten zweitens kein Parfüm und kein Rasierwasser auflegen, nicht rauchen, keine Musik anmachen, außer Weißbrot nichts essen und vor allem: weißes, neutrales Licht einschalten.

Oder Sie wollen Spaß haben. Dann gehen Sie im Sonnenuntergang in das Restaurant da unten am Strand und bestellen einen fröhlichen Weißen. Er wird Sie betören. Im roten Licht der Abendsonne. Mit einer bezaubernden Frucht. Ihr Gegenüber auch. Wahrscheinlich. Nur Ihren Weinhändler nicht.

Lübecker Rotspon

Beim Lübecker Rotspon handelt es sich um Rotwein aus Lübeck

Wer an den Gestaden der Ostsee lustwandelt wie einst die Buddenbrooks und Thomas Mann, der wird viel sehen und bestaunen dürfen. Zwei Dinge wird er allerdings nirgendwo stehen sehen: Mandelbäume und Weinstöcke. Und dennoch kommen aus Lübeck das weltberühmte Lübecker Marzipan und der nicht minder berühmte Lübecker Rotspon.

Was Marzipan ist, weiß man. Aber was ist Rotspon? Da hört's bei vielen schon auf. Rotspon ist tatsächlich Wein. Das »Rot« vorm »Spon« deutet auf die Farbe des Weins hin. Und das »Spon« auf seine Herstellung bzw. seine Herkunft: »Spon« bezeichnet niederdeutsch einen Span, einen Holzspan. Der Rotspon ist also ein roter Holzspan. Will heißen: Der Rotspon ist ein Rotwein, den man Rotspon nannte, weil er das Eichenholz der Fässer rot färbte. Und in eben diesen Fässern wurde er aus dem Bordeaux geliefert – durchs Holstentor in die Keller der Lübecker Handelshäuser. Denn die Mandeln fürs Marzipan waren ebenso wie der Wein für den Lübecker Rotspon natürlich Handelsware.

Beide Rohstoffe wurden erst in Lübeck veredelt. Und damit berühmt.

Speziell mit Rotwein soll in der alten Hansestadt Lübeck bereits im 13. Jahrhundert gehandelt worden sein. Im 16. Jahrhundert war Lübeck gar Europas größtes Weinhandelszentrum. Da möchte man staunen. Zumal die ersten Fässer zunächst vor allem als Ballast und nur mit Wasser gefüllt für die Stabilisierung der leeren Koggen auf ihrem Rückweg vom Handelszentrum Bordeaux nach Lübeck gedient haben sollen. Aber ein norddeutscher Pfeffersack wäre kein Pfeffersack, würde er nicht selbst aus Ballast noch einen florierenden Handel organisieren können – also Wasser raus und Bordeaux rein ins Fass. Und die Fässer in den Keller.

Und was da in den holsteinischen Kellern im Fass lagerte und reifte und schließlich aus verschiedenen Chargen verschiedener bordelaiser Weingüter zu einer Cuvée verschnitten wurde, hatte eine überzeugende Qualität, das war besser als viele Weine aus dem Bordeaux selbst. Da staunten nicht zuletzt die französischen Besatzungsoffiziere Napoleons, als sie sich 1806 in den Lübecker Kellern unter die Hähne der Weinfässer legten. Allenthalben fragte man sich: Wie konnte es zu einem derartigen Qualitätssprung kommen?

Sogar ein Feldversuch wurde gestartet: Man füllte im Bordeaux eine Lieferung Wein in mehrere Fässer. Einige davon blieben im Bordeaux. Die anderen traten die Reise nach Norddeutschland an. Nach einer angemessenen Zeit der Reifung probierte man. Der Lübecker Rotspon war um Längen besser. Woran es lag, wusste niemand zu erklären. Es mag die Reise durch die Seeluft gewesen sein, es mag das spezielle Kleinklima in den Lübecker Kellern gewesen sein.

Vielleicht waren es auch die besseren Fässer der Lübecker Händler, die reicher als so mancher französische

Winzer waren und ihre Weine in bessere Fassqualitäten abfüllen konnten als die Weinbauer. Von einem der Großen seiner Zunft, Thomas Fredenhagen (1627–1709), ist die Weisung an seinen Küfer überliefert, bitte eingehend zu erforschen, welche Fässer es in welchen Kellern für einen ruhmreichen Roten braucht: »Der Rotwein, den wir brauchen, der muss in uns eingehen als eine tiefe Glut, die unsere Rauheit lindert, unsere Härte mildert, uns zärtlich macht gegen das Leben und die Menschen. Ja das ist's: Zärtlichkeit muss er geben!«

Nun denn, auch die beste Story läuft als Marketing-Gag irgendwann blank. Zumal: Wegen einer Markenrechtslücke gibt es auch in anderen Hansestädten, ja selbst in Österreich einen Rotspon. Heute kann man die Anzahl der Lübecker Handelshäuser mit selbst abgefülltem Rotspon im Sortiment locker an einer Hand abzählen.

Aber wenigstens eine Rotspon-Regatta wird noch ausgetragen. Seit 2004 wird während der Travemünder Woche in der Lübecker Bucht eine Sechs-Liter-Flasche ausgesegelt – in Erinnerung an den ursprünglichen Flaschen-Preis, den die Begründer der 1888 ins Leben gerufenen zweitgrößten Segelveranstaltung nach der Kieler Woche ursprünglich ausgelobt hatten.

Marathon
Laufen und Saufen im Médoc

Wein kurios

Endorphine! Darum geht's! Um die Aktivierung der körpereigenen Glückseligmacher! Die machen high. Die machen lull und lall. Damit es richtig scheppert in der Birne, muss man laufen. Lange laufen. Marathon, 42,2 Kilometer – irgendwann auf der Strecke stellt es sich dann ein, das »Runner's High«. Folge des euphorisierenden Endorphin-Gewitters. Man kann auch saufen. Alkohol wirkt genauso. Auch Endorphin-Gewitter. Und beides, Laufen und Saufen, macht auf Dauer süchtig. Wegen der Endorphine!

Aber geht beides? Saufen *und* Laufen? Gleichzeitig? Doppelte Endorphin-Ekstase? »Geht nicht«, würde der Mediziner sagen. »Geht doch«, sagt man im Bordeaux. Seit 1984 wird hier jährlich der sogenannte »Marathon des Châteaux du Médoc« ausgetragen. Ein karnevaleskes Spektakel, das mittlerweile in der Läufer- und Säufergemeinde Kultstatus genießt.

In Pauillac an der Gironde treffen sich an jedem zweiten Septemberwochenende ca. 8000 Endorphin-Junkies, um an dem wohl weltgrößten Sauf-Lauf teilzunehmen. Voraussetzung: ein ärztliches Attest. Leber und Lunge sollten schon was aushalten können. Denn die Marathon-Strecke muss in 6,5 Stunden absolviert werden. Das ist zwar selbst für Schluffis keine unlösbare Aufgabe. Nüchtern!

Aber wenn man – und darum geht's ja: Endorphine! – unterwegs an ca. 20 Châteaus die jeweils angebotenen Wein-Pröbchen einschiebt, da kann der Schenkel schon mal sauer werden. Gegen Ende torkeln die letzten Teilnehmer auch mehr durchs Ziel als dass sie aufrechten Ganges die Ehrbezeugungen des Publikums entgegennehmen könnten. Die schnellsten Teilnehmer bleiben jedoch unter zweieinhalb Stunden. Von denen trinkt aber keiner unterwegs. Jedenfalls keinen Alkohol. Die sind verkniffen. Sportler eben.

Weitere Voraussetzung für die Teilnahme: ein clowneskes Kostüm – Jesus mit Kreuz geht, Huhn oder Feuerwehrmann, Schlumpf und Kardinal auch. Oder einfach Tüllrock und aufgeblasene Kunstbrüste. Und man muss das lustig finden! Sonst macht es keinen Spaß. Um den geht es aber. Sagen alle.

Also wird für Spaß gesorgt: Entlang der Strecke blasen 40 Kapellen den Läufern den Marsch, jazzen oder streichen klassische Saiten. Die Strecke führt durch akkurat gepflegte Weinfelder, vorbei an Versorgungsstationen mit Austern, Stopfleber, Kuchen, Patés – auch mit Obst und Wasser. Und an insgesamt ca. 50 Weingütern, die sich im Médoc gerne auch als imposante Schlösschen präsentieren.

Und wie gesagt: Ca. 20 davon schenken ihren Wein ins Glas – oder in den Plastikbecher. Zur Verköstigung durchs verschwitzte Läufervolk. Darunter auch große Rotwein-Legenden: Pontet Canet, Lafite Rothschild, Beychevelle. Für 80 Euro Startgebühr ein durchaus akzeptables Angebot. Das denken sich hin und wieder auch einige, die gar nicht laufen. Die gehen. Von Weinprobe zu Weinprobe. Spielverderber.

Im Schlossteich von Mouton-Rothschild nimmt dann der ein oder andere verschwitzte Teilnehmer ein Bad. Verständlich, nicht selten kommen zu Alkohol und Läuferblasen auch noch 30 Grad und jede Menge Sonnenschein. 3300 Helfer bemühen sich um eine störungsfreie Abwicklung des ganzen Spektakels. Darunter auch jede Menge Sanitäter, die krampfgeschüttelte Junkies an den Tropf hängen. Das ist dann ernüchternd. Und man ahnt, dass die körperliche

Belastung vielleicht doch beeindruckender ist als die erhoffte Endorphin-Dusche.

Am Ende der Tortur gibt's zur Belohnung noch 'ne Medaille. Und Flip-Flops. Oder irgendeinen anderen Tinnef. Doch darum geht's ja nicht. Der Weg ist das Ziel. Und nebenbei geht es um alles, was der Franzose kulinarisch außer Wein sonst noch zu bieten hat, wofür man rund um das Sportereignis an unzähligen Ständen wirbt.

Am Abend dann Party. After-Work-Party quasi. Und Feuerwerk. Rums bums. Das war's. Bis nächstes Jahr. À votre santé.

Musik

Dudelsack bringt Wein auf Zack!

Es ist bei der Kuh wie beim Menschen. Und die Mechanismen wirken in den dunklen (weil wissenschaftlich nach wie vor nur oberflächlich ergründeten) Tiefen des Unbewussten. Kühe beispielsweise liefern mehr Milch (3 Prozent!), wenn man sie mit Kuschelmusik beschallt. Ein bisschen »Perfect Day« von Lou Reed oder Beethovens »Pastorale« und schon läuft die Milch.

Wovon auch immer Kühe träumen, wenn sie von Lou Reed »Such a perfect day, I'm glad I spent it with you« hören: Alles unter 100 Beats pro Minute füllt die Euter. Wird's hingegen schnell und heftig, macht die Kuh zu.

Was da genau passiert, weiß man nicht. Schmecken zu Beethoven und Reed Klee und Gräser besser? Frisst man da mehr, als Kuh? Und liefert also mehr Milch? Möglich.

Dass sinnliche Wahrnehmungen irgendwo im Unbewussten miteinander verknüpft sind und sich wechselwirksam beeinflussen, weiß man. Auch vom Menschen. Der lässt sich u. a. vom Licht beeinflussen. Auch beim Weintrinken. In rotem Umgebungslicht schmeckt ein saurer Riesling plötzlich fruchtig-süß (s. S. 101).

Dass – wie bei der Kuh – beim Menschen nicht nur Licht, sondern auch das Hören von Musik die Geschmacks- und Geruchssinne beeinflusst, kann also nicht verwundern. Genau das hat man in Edinburgh festgestellt, in einem Land also, in dem man bis vor Kurzem in Restaurants immerhin schon zwischen Rot- und Weißwein zu unterscheiden wusste.

An der Heriot-Watt University wurden 250 Studenten als Studienteilnehmer einem Test unterzogen. Das Ende vom Lied waren die folgenden Erkenntnisse: Cabernet Sauvignon wird zu schwerer, mächtiger Musik als sehr viel intensiver und gehaltvoller (bis zu 60 Prozent) empfunden als ohne. Hier wären Carl Orff (»Carmina Burana«), die Stones (»Honky Tonk Woman«), Hendrix (»All Along the Watchtower«) oder auch McCartney und seine Wings (»Live And Let Die«) zu empfehlen.

Syrah hingegen gewinnt mit Puccini (»Nessun Dorma«), vorzugsweise von Pavarotti zum Vortrag gebracht, während Merlot eher durch Schmeicheleinheiten von Lionel Richie (»Easy«) oder Otis Redding gewinnt. Die Güte eines Chardonnay wiederum hebt sich deutlich bei schwungvoller, erfrischender Musik. Hier würde man Robbie Williams

(»Rock DJ«) oder auch Kylie Minogue (»Spinning Around«) mit in den Weinkarton legen wollen.

So, das wissen wir dann jetzt auch. Und dass sich damit ganz neue Marketingstrategien für Restaurants und Weinhändler ergeben, versteht sich von selbst.

Initialzündend für die Untersuchung in Schottland soll im Übrigen der chilenische Weinbauer Aurelio Montes gewesen sein. Der macht es umgekehrt. Der beschallt keine Menschen, sondern seine Weinkeller. Mit gregorianischen Chorälen. Ein südafrikanischer Kollege von ihm, Bruce Jack, setzt Cellisten und Dudelsackpfeifer in den Weinkeller. Die Moleküle des Weins würden so in Schwingung versetzt. Der Wein werde dadurch »runder«, auch farblich stabiler. Der Wein sei einfach glücklicher, »definitely«.

Das mit dem »definitely« würde man aber doch ganz gerne etwas genauer eruiert wissen. Dass der Mensch mit Musik manipulierbar ist, wissen wir ja jetzt. Ob aber auch Wein musiksensibel ist? Man kann das behaupten. Wissen tut man bisher aber nichts. Man kann einen Merlot ja schlecht fragen, wie er sich denn fühlt beim gregorianischen Gebrumme. Oder beim Dudelsackgedudel. Das wäre mal eine knallharte labortechnische Untersuchung wert. Zum Beispiel in Schottland. Man stelle sich vor: »Dudelsack bringt Wein auf Zack!«

Das würde Perspektiven eröffnen. Wie hoch ist eigentlich die Arbeitslosenquote in Schottland?

Naturkorken

Korkverschlüsse tragen zur Umweltausbeutung und -zerstörung bei

Es geht um rund 10 Milliarden Korkverschlüsse jährlich! Es geht um ca. 2,3 Millionen Hektar Korkeichenwälder! Es geht um 300 000 Tonnen Kork, die man jedes Jahr den Bäumen vom Stamm schält. In Portugal, Spanien, Algerien, Marokko und anderswo.

Wo die Natur zum Wirtschaftsfaktor erniedrigt wird, liegen apokalyptische Visionen nah. Von geschundener Natur, Raubbau, Monokultur, Zerstörung von Lebensraum. Zumal dann, wenn eine Branche, die mit einem Naturprodukt ihr Geld verdient, unter Druck gerät. In den 60ern war das in der Korkindustrie schon einmal der Fall: Preisverfall, Übernutzung – da hatten die Bäume zu leiden.

Ein weiteres Mal geriet die Branche in den 90ern unter Druck. Die Nachfrage stieg im Zuge der Globalisierung – Weinkonsum und -produktion schnellten empor. Alles schrie nach Kork. Also wurde geerntet auf Teufel komm raus. Leider wurde auch schlampig gearbeitet. Die Folge: Korkschmecker (s. S. 90). Weltweit Milliardenschäden! Der Naturkorken bekam ein Imageproblem.

Hinzu kam der Trend zu trockenen Weißweinen. Der Zucker- und Alkoholgehalt der Weine sank, wodurch die Wahrnehmung sensorischer Fehler stieg. Der Druck auf die Korkenbranche erhöhte sich. Alternative, angeblich garantiert korkschmeckerfreie Verschlusssysteme (s. S. 52) wie Drehverschlüsse, Glas- und Kunststoffstopfen oder Kronkorken wurden nicht mehr nur diskutiert, sondern auch eingesetzt. Was sollte man tun? Noch mehr produzieren, den Preis drücken? Die Branche war alarmiert.

Umwelt- und Tierschutzverbände auch: Ein ökologisches Horrorszenario drohe! Natürlich, das alte Lied! Bei näherem Hinsehen aber waren die Sorgen ganz anders gelagert, als zu erwarten gewesen wäre! NABU und WWF sorgten sich zwar um den Niedergang der Korkwälder. Doch nicht wegen kapitalistischer Ausbeutung. Sondern wegen des Gegenteils: *mangelnder* Ausbeutung!

Korkwälder gibt es eben nur, weil sie gebraucht werden. Zum Beispiel in Form von Weinkorken (ca. 75 Prozent der Ernte wird zu Weinverschlüssen verarbeitet). Und Korkwälder gelten Naturschützern als unbedingt erhaltenswert, stellen weltweit einen einzigartigen Naturraum dar, gelten als Paradebeispiel dafür, dass man eine Kulturlandschaft wirtschaftlich nutzen und gleichzeitig Naturschutz betreiben kann.

Die Klimabilanz der Korkeichenwälder ist brillant! Allein die portugiesischen Korkeichenwälder (Portugal stellt mit 32 Prozent die größte Anbaufläche) schlucken jährlich knapp 5 Millionen Tonnen Kohlendioxid. Dagegen nimmt sich die Öko-Bilanz der im Vormarsch befindlichen Drehverschlüsse geradezu gruselig aus – mehr als viermal so viel Kohlendioxid wird bei der Produktion freigesetzt wie bei der Herstellung eines Naturkorkens.

Zudem: Mehr als die Hälfte der im Mittelmeerraum existierenden Pflanzenarten kommt allein in den Korkwäldern vor. Die Bäume halten das Erdreich, schützen vor Erosion. Der vom Aussterben bedrohte Kaiseradler findet hier Nistplätze, der Iberische Luchs, ebenfalls vom Aussterben bedroht, sein letztes Rückzugsgebiet. Viele Zugvögel sind hier alljährlich zu Gast. Und all das würde verschwinden, Verwüstung würde drohen, wenn die Korkbauern in ihren Wäldern die Säge kreisen lassen, weil sich das Schälen der Korkeichen nicht mehr lohnt.

Das mit dem »nicht lohnen« begriff auch die Branche. Mittlerweile hat sie ihre Hausaufgaben gemacht: Mit einer Reihe hygienischer Maßnahmen, mit Enzymen, Kohlendioxid, Dampf und Mikrowelle ist man dem Verursacher des Korkschmeckers, dem TCA (s. S. 90), zu Leibe gerückt. Mit großem Erfolg. Die Mufftöne sind extrem zurückgegangen, die Branche konnte sich in Teilen erholen. Nicht zuletzt, weil sich der Markt für Weinverschlüsse insgesamt weiterhin vergrößert hat.

Dennoch: Weltweit werden mittlerweile nur noch 70 Prozent aller Weinflaschen mit einem Naturkork verschlossen. Und wo die Reise hingeht mit Naturkork, Dreh- oder Glasverschluss, weiß keiner. Dunkle Szenarien von nur noch 5 bis 10 Prozent mit Naturkork verschlossenen Weinflaschen geistern durch die Branche.

Vor 30 Jahren hieß es: »Trinken für den Frieden. Schwerter zu Zapfhähnen!« Heute rufen uns Naturschützer zu: »Wein saufen für den Naturschutz!« Wer wollte sich dem verschließen. Wohlsein! Auf die Korkwälder!

Öchsle

Je mehr Öchsle im Most, desto süßer der Wein

Öchsle, Moscht und Veschper, so hallt es noch hinüber aus der guten alten Zeit, aus der Weinstube, wo sich fröhliches Wandervolk einfand und sich aus reich geschmücktem Weinpokal ein süßes Moseltröpfchen zu Worscht und Brotlaib gönnte. Es waren Zeiten, als man nach Zucker in der Traube lechzte, weil – vor allem in den 60ern – schlechtes Wetter ganze Jahrgänge verhagelt hatte. Statt süßem Möselchen gab's dann Säuerling. Als Qualitätskriterium manifestierte man die Öchslegrade im Weingesetz von 1971.

Aus dieser Zeit rührt er wohl noch her, der Mythos vom Öchsle als Gradmesser für die Süße oder gar für die Qualität eines Weines. Die Öchsle-Gläubigkeit ist unter dem Strich aber nur bedingt gerechtfertigt, auch wenn gerade besonders hochwertige und bisweilen auch süße Weine wie Spätlesen, Beerenauslesen oder gar Eisweine besonders hohe Öchslegrade aufweisen und damit suggerieren, dass das was mit den Öchslegraden zu tun haben könnte.

Doch der Zuckergehalt der Trauben, den man in Öchslegraden misst, sagt natürlich nichts darüber aus, wie süß der später daraus gemachte Wein sein wird. Denn mithilfe von Hefen wird der Zucker ja zu Alkohol vergoren. Die Frage ist allein, wie viel des in der Traube vorhandenen Zuckers lässt der Winzer vergären, bzw. wie viel Restzucker verbleibt nach der Gärung im Wein. So kann man aus einem Most mit nur 65° Öchsle einen süßen Saft mit hohem Restzuckergehalt machen. Umgekehrt kann eine Auslese mit 90° Öchsle ein ausgesprochen trockenes Trinkvergnügen mit wenig Restsüße sein, wenn der Zucker nahezu vollständig vergoren ist.

So gesehen sagt der Öchslegrad sehr viel mehr über den potentiellen Alkoholgehalt eines Weines aus: Je mehr Zucker im Most vorhanden, desto mehr Alkohol können die Hefen draus machen. Mit 60° Öchsle kann man 8 Prozent erzielen, mit 90° Öchsle 12 Prozent, mit 120° Öchsle ca. 15 Prozent. Wenngleich die Kraft der Hefen begrenzt ist. Mehr als 16 bis 17 Prozent Alkohol können sie kaum aus dem Zucker basteln. Und je mehr Zucker im Most, desto schwerer tun sich die Hefen. Aus sehr reifem und zuckerhaltigem Lesegut mit

300 oder gar 400 Gramm Zucker je Liter kommen selten mehr als 7 Prozent Alkohol. Bei so viel Süße geht den Hefen die Luft aus.

Während für die Winzer in kühleren Anbaugebieten der Zuckergehalt durchaus ein Indikator (neben einigen anderen) für den Reifegrad des Lesegutes und damit auch für den Gehalt an Aroma- und Mineralstoffen ist, macht man sich in wärmeren Regionen weniger Gedanken um die Öchslegrade. Zucker ist bei der südlichen Wärme und Sonneneinstrahlung weniger das Problem: Ein einfacher Landwein aus dem Süden Frankreichs erzielt Öchslegrade einer deutschen Auslese, ein Amarone aus Italien den einer Beerenauslese. Das Problem im Süden ist vielmehr die Säure. Die sollte nicht unter 7 Gramm pro Liter sinken. Das tut sie aber, wenn die Traube zu lang am Stock hängt. So hat halt jeder sein Päckchen zu tragen.

Wein kurios

Opus One

Wie ein Kultwein im Schlafgemach aus der Taufe gehoben wurde

Wenn das schnelle Reagieren auf neue Umstände zu den herausragenden Fähigkeiten von Führungspersönlichkeiten gehört, dann darf man zwei Wein-Tycoons dies- und jenseits des Atlantiks wohl getrost zu den Großen ihrer Zunft zählen. Der eine war Baron Philippe de Rothschild (1902–1988), Herr über eins der berühmtesten und besten französischen Weingüter im Bordeaux (Pauillac): Château Mouton-Rothschild. Der andere war Robert Mondavi (1913–2008), Sohn italienischer Auswanderer, die 1906 aus einem der Armenhäuser Europas, den Marken an der Ostküste Italiens, in die USA gegangen waren.

Der eine hatte als Sprössling der berühmten europäischen Bankerfamilie die Leitung des Châteaus 1922 im zarten Alter von 20 Jahren geerbt, war mithin ein Vertreter der traditionsreichen alten Weinwelt. Und erwies sich dennoch als einer der ganz großen Motoren des Fortschritts, der mit seinen technischen Innovationen die Kellertechnik im Bordeaux revolutionierte und mit der Vermarktung seiner Weine gänzlich neue Maßstäbe setzte.

Der andere stand für das parvenühafte Aufbegehren der Neuen Weinwelt mit ihrer etwas naiven, hemdsärmeligen und experimentellen Art des Zupackens. Nach ersten Erfolgen auf dem elterlichen Weingut im Napa Valley hatte er 1966 die mittlerweile berühmte Robert Mondavi Winery am Oakville Highway errichtet. Und wie dereinst Rothschild im Bordeaux hatte er im Napa Valley eine neue Weinära eingeläutet, zählte bald zu den führenden kalifornischen Weinerzeugern.

Was sich da jenseits des Atlantiks (u. a. mithilfe französischer Kellermeister) entwickelte, war dem Baron natürlich nicht entgangen. Spätestens seit der legendären Weinprobe 1976 in Paris (s. S. 182) war klar: In Kalifornien erwuchs der alten Weinwelt mächtige Konkurrenz. Was also tun? In Arroganz erstarren? Nein: Wenn du deinen Feind nicht besiegen kannst, umarme ihn. Mach mit ihm gemeinsam Geschäfte! So denken herausragende Führungspersönlichkeiten. So dachte Rothschild. Also nahm er Kontakt mit Mondavi auf. 1978 traf man sich auf Mouton. Im Schlafgemach des Barons – eine Marotte des französischen Freigeistes, der 90 Prozent seiner Geschäfte im Schlafgemach zu tätigen pflegte.

Und in eben diesem Schlafgemach kam es zur Elefantenhochzeit. Mondavi und Rothschild planten, das Beste zweier Weinkulturen in einem Produkt zu vereinen, die Kraft Kaliforniens mit der Brillanz des Bordeaux zu vermählen, basierend auf einem fifty-fifty Joint Venture. Das Ergebnis sollte eine Cuvée sein, bestehend aus den klassischen Verschnittanteilen der klassischen Bordeaux-Trauben Cabernet Sauvignon, Merlot und Cabernet Franc – angebaut in Kalifornien. Ein Wein, der höchste Ansprüche erfüllen sollte, ein Projekt, das Millionen verschlingen würde – und mit dem man Millionen würde verdienen können. Das Ergebnis sollte ein Kultwein werden!

Ein Name musste noch gefunden werden. »Gemini«, ein erster Vorschlag des Barons, ließ man schnell wieder fallen. Den gleichen Namen führte die größte Homosexuellen-Zeitschrift in Kalifornien. Das ging nicht. Man einigte sich schließlich auf »Opus One«, eine Anleihe aus der Musik. Und auch über die Gestaltung des Etiketts war man bald einig: Ein in dunklem Blau gehaltener Schattenriss der Profile von Mondavi (nach Osten schauend) und Rothschild (nach Westen schauend).

Die Bekanntgabe des Joint Ventures schlug in der Branche wie eine Bombe ein. Auf einer Weinauktion 1981 in Kalifornien wurde die erste Kiste für die sagenhafte Summe von 24 000 US-Dollar versteigert. Der ganze Rummel um »Opus One« ersparte seinen Erfindern auch einen millionenschweren Werbeetat. »Opus One« war von Beginn an ein Selbstläufer, konnte gar nichts anderes werden, wenn man Patrick Léon, dem französischen Kellermeister von Mouton glaubt:

»Bob und der Baron waren sich immer einig, wenn es ums Marketing ging. Produziere einen Wein in geringer Menge. Die höchste Qualität. Die größte Schönheit. Binde ihn an die Personen. Und mach ihn sehr teuer. Mit den Namen Mondavi und Rothschild auf dem Etikett bleibt dir nichts anderes übrig, als erfolgreich zu sein.«

Prosecco 1

Prosecco ist eine Rebsorte

Prosecco ist eine Rebsorte. Bis vor Kurzem hätte man mit dieser Aussage einen nüchternen Tatbestand umschrieben. Und damit bei den meisten Verbrauchern einen sensationellen Erkenntnisprozess ausgelöst. Denn Prosecco war und ist den meisten einfach nur als Produktname bekannt: ein italienisches Prickelwasser mit ein bisschen weniger Kohlensäure als Sekt. Nur wenige machen sich Gedanken darüber, was da drin ist, wo das herkommt – und ob das schmeckt. Prosecco war und ist ein marketinggesteuertes Lebensgefühl. Easy Drinking. Ein Modedrink. Ein Modedrink, der nix kostet! Denn der meiste Prosecco wird für einen Appel und ein Ei verkauft. Im Discounter.

Doch seit Ende 2009 ist alles anders. Seit 2009 kann man noch nicht einmal mehr behaupten, dass Prosecco der Name einer Rebsorte ist. Denn die Rebsorte Prosecco heißt heute Glera. Warum? Weil es so, wie es bis dahin zuging, einfach nicht mehr weiterging!

Bis dahin ging es so zu: Seit gut 200 Jahren wird die Prosecco-Traube in ihrer Ursprungsregion zwischen den beiden kleinen Ortschaften Valdobbiadene und Conegliano nördlich von Venedig angebaut. Hier kommen bis heute auch die besten Qualitäten her. Denn nur hier, in dieser Region mit kalten Wintern und heißen Sommern, können die spät reifenden Trauben ihre geschmacklichen Qualitäten voll entwickeln. Das Ergebnis sind mineralisch-fruchtige Proseccos mit einem typischen Apfel- und Birnenduft, die unter Zuhilfenahme von Hefe und Zucker in Druckfässern innerhalb von 40 Tagen zum Prickelwein heranreifen.

Um die Qualität der Ursprungsregion gegen Nachahmer zu schützen, beantragte man eine DOC (Denominazione di Origine Controllata), also eine geschützte Herkunfts- und Qualitätsbezeichnung, die man 1969 auch erhielt.

Schützen lassen konnte man sich allerdings nur die Herkunft. Stand Valdobbiadene oder Conegliano DOC auf dem Etikett, durfte der an Qualitätskriterien gebundene Inhalt auch nur aus dieser Region kommen. Die Traube hingegen konnte man nicht schützen. Mit der konnte man machen, was man wollte. Was man auch tat. Zum Beispiel unten in der Po-Ebene, in den riesigen Prosecco-Anbaugebieten in Venetien, im Friaul, bei Triest, um Treviso. Das Ergebnis waren in der Regel banale, wässrige oder säuerliche Massenweine. Was vielleicht damit zusammenhängt, dass man in der Ebene einem Hektar Boden sage und schreibe 250 Doppelzentner Trauben abringt. In Valdobbiadene und Conegliano sind lediglich 120 Doppelzentner zugelassen. Auf dem Etikett waren die Massenweine mit der niedrigsten Qualitätsstufe ausgezeichnet: IGT (Indicazione Geografica Tipica), eine Art Landwein.

Doch es gab eine Nachfrage für diese zum Teil beschämend schlechten Proseccos. In Italien wuchs der Durst seit den 6oern, in Deutschland seit den 8oern und in den USA seit den 9oern. Und zwar ins Unermessliche. Also lieferte so ziemlich jeder, der auch nur Prosecco schreiben konnte, irgendwas Prickelndes. Egal, ob aus Italien, Brasilien oder Rumänien. In Deutschland durften Kellereien italienischen Prosecco-Grundwein importieren, mit Kohlensäure versehen und dann mit dem Herkunftshinweis IGT Italien verkaufen. Der Gipfel war schließlich Prosecco in Dosen für grenzdebile Partyweibchen.

Damit ist es jetzt vorbei. Auf italienischen Protest hin wurde Ende 2009 beschlossen: Prosecco ist keine Traube mehr, sondern ein Anbaugebiet (und damit ein geschützter Produktname wie Bordeaux). Die Ursprungsregion wurde von der DOC in die höchste Qualitätsstufe DOCG (Denominazione Origine Controllata e Garantita) aufgewertet. Die übrigen Prosecco-Hersteller, die bis dahin IGT-Weine hergestellt hatten, erhielten den DOC-Status. Und der Rest der Welt darf nur noch Glera aufs Etikett schreiben. Denn Prosecco heißt ja jetzt Glera.

Die Folge: Mit der Hebung der Herkunftsgarantien geht auch eine Erhöhung der Qualitätskriterien einher, weshalb man auf eine allgemeine Hebung des Geschmacks – und der Preise hofft. Letzteres wird Discounter und ihre werte Kundschaft in die Verzweiflung treiben. In Deutschland versekteten Prosecco wird es nicht mehr geben. Und die Prosecco-Dosen sind nun auch vom Tisch – denn mit dem DOC-Status geht eine Verpackung aus Glas einher.

Prosecco 2

*Wie man am Prosecco das
deutsche Discounter-Elend studieren kann*

Deutschland ist Discounter-Land. Kein anderes Land der Erde weist eine derartige Filialdichte und Marktmacht von Discount-Ketten auf wie Deutschland. Und diese Discounter vertreiben auch Wein. Billigen Wein. In welchen Niederungen jedoch das Genuss- und Qualitätsniveau in Discount-Ketten herumdümpelt, kann man kaum besser veranschaulichen als an jenem hübschen kleinen Prosecco-Skandal zum Beginn des Jahrtausends.

Dabei müsste man im Land der Betriebswirtschaftler doch eigentlich wissen, dass nix sein kann, was nix kostet. Doch weit gefehlt: Im Land der Billigheimer gilt es in weiten Teilen der Bevölkerung als unschicklich, für den Genuss Geld auszugeben. In Deutschland will man alles zum Hartz-IV-Tarif. Auch Modedrinks wie den Prosecco, der spätestens seit den 90ern bei jeder Gelegenheit zum guten Ton gehört.

Auf den Hartz-IV-Tarif achten vor allem diejenigen, die gar kein Hartz IV erhalten. Nirgendwo sonst auf der Welt befallen vornehmlich diejenigen, die es gar nicht nötig hätten, nahezu erotische Wallungen, wenn sie eine Discounter-Filiale betreten. Hier betritt man das gelobte Land. Alles, was man hier bekommt, ist – billig! Hier gibt es keine Produkte. Hier gibt es Schnäppchen! Und das ist des Deutschen größter Triumph: ein Schnäppchen!

Also pilgert man zu Aldi, Lidl und Co. Man ist ja nicht blöd. Denkt man in Deutschland. Doch, man ist blöd! Ziemlich blöd sogar. Und wenn man so blöd ist und nix über Prosecco weiß, und wenn einem völlig egal ist, was da drin ist, Hauptsache es steht Prosecco drauf, dann ist man der ideale Kandidat für eine komplette Vollverarschung. Wie seinerzeit bei Aldi.

Die Prosecco-Traube ist ursprünglich auf den Hügeln zwischen den beiden kleinen Ortschaften Valdobbiadene und Conegliano, nördlich von Venedig, beheimatet (s. S. 119). Für diese Region gab es seit 1969 auch eine sogenannte DOC, also eine geschützte Herkunfts- und Qualitätsbezeichnung. Um die Jahrtausendwende begann man sich in Valdobbiadene über zwei Dinge zu wundern: Erstens darüber, dass in Deutschland, dem Land mit dem größten Prosecco-Durst, etwa doppelt so viel Prosecco di Valdobbiadene DOC getrunken wurde wie in dieser Region überhaupt hergestellt wurde, und zweitens darüber, dass der größte Prosecco-Verteiler in Deutschland, nämlich Aldi, das italienische Modeprodukt für unter 2 Euro anbot. Mit einem solchen Preis sind aber nicht einmal die Produktionskosten zu decken. (Merke: Einen trinkbaren Prosecco aus Valdobbiadene oder Conegliano bekommt man selten unter 7 Euro!)

Also nahm das Prosecco-Schutzkonsortium Kontakt mit Aldi auf und stellte unangenehme Fragen. Das Ende vom Lied war ein Prozess gegen den italienischen Wein-Lieferanten des Discounters, der Ende 2002 zu einigen Monaten auf Bewährung verurteilt wurde, weil er 3,3 Millionen Flaschen mit Billigstplörre als DOC-Prosecco geliefert hatte.

Aldi nahm den Prosecco sofort aus dem Regal. Von da ab standen andere Proseccos im Regal, zum Beispiel »Veneto-Prosecco«. Der war zwar genauso schlecht, aber nicht DOC-geschützt und vor allem genauso billig. Egal, beim Schnäppchen geht's nicht um Geschmack. Beim Schnäppchen geht's um den Preis. Und wenn der Preis schmeckt, reicht das.

Schweinereien und Skandälchen wie die mit dem Prosecco erschüttern immer wieder mal die Weinwelt. Doch auffällig häufig führen die Spuren in die Regale der deutschen Supermärkte. Wie beim Chianti einige Jahre zuvor. So ist das eben, wenn der Konsument allen Ernstes glaubt, dass Discounter für ein Almosen in der Lage sind, Gold in Flaschen anzubieten.

Reihenfolge

Wein auf Bier, das rat ich dir.
Bier auf Wein, das lass sein.

Es reimt sich recht hübsch. Das ist aber so ziemlich das Beste, was man dieser ebenso populären wie albernen Trinkerweisheit attestieren kann.

Stutzig machen sollte zunächst, dass man außerhalb des deutschsprachigen Raums diese seltsame Sittenregel weder kennt noch beachtet. Warum auch? Es gibt keine einzige wissenschaftliche Erkenntnis, warum die Reihenfolge der beiden aufgenommenen Getränke auf ihre Bekömmlichkeit oder die gemeine Pracht des morgendlichen Katers auch nur irgendeine Auswirkung haben sollte.

Ausschlaggebend, wie schnell man lull und lall am Korken nuckelt und wie bunt der Strauß des Racheengels ausfällt, sind alleine die Schlagzahl der gestemmten Gläser und die Menge des konsumierten reinen Alkohols. Die Dosis macht das Gift! Das jedenfalls schreibt uns die Wissenschaft ins Trinkregister. Und wer der Wissenschaft nicht glaubt, sollte es auf einen Feldversuch ankommen lassen.

Wo die Weisheit aus dem Poesiealbum der Bacchusbrüder herkommt, darüber wird hin und wieder schwer gerätselt. Aus dem 19. Jahrhundert? Oder geht ihre Genese noch tiefer in die Vergangenheit zurück? Nimmt sie Bezug auf den Umstand, dass Bier als die Alltagsdroge der Armen galt, die sich der Wohlhabende nicht auf seinen feinen Wein kippen sollte? Oder, noch abenteuerlicher: Sollte verhindert werden, das Restbestandteile nicht gänzlich vergorenen Zuckers im Wein durch die im ungefilterten Bier vorhandenen Hefen zu einer Nachgärung angeregt werden könnten? Alles sehr spekulativ.

Eine weitere Spur führt zu Heinrich Alwin Münchmeyer (1908–1990). Der aber war nicht in Sachen Wein unterwegs. Auch nicht in Sachen Bier. Der machte in Banken. Münchmeyer war ein echter Leithammel des deutschen Bankenwesens und der Wirtschaft. Neben seinem eigenen Bankhaus stand er als Präsident zeitweise auch dem deutschen Industrie- und Handelstag sowie dem Bundesverband deutscher Banken vor. Und Aufsichtsratsposten in Großunternehmen sammelte er wie andere Leute Briefmarken. Münchmeyer, dessen Tochter Birgit Breuel einem breiteren Publikum als ehemalige Expo-Kommissarin und Treuhand-Präsidentin bekannt ist, soll der Menschheit neben vielen anderen Lebensweisheiten auch die Regel vom Wein und Bier anempfohlen haben. Doch gemeint war wohl lediglich ein bildhafter Vergleich für die feine Beobachtung, dass der Aufstieg von der Armut (Bier) zum Wohlstand (Wein) der bekömmlichere Weg ist als die umgekehrte Reihenfolge.

Dem kann man ja zustimmen. Aber nach einer Verköstigung mehrerer Gläser Wein den Abend mit einem großen kühlen Glas Bier zu beenden, das sollte man sich nicht nehmen lassen. Von nichts und niemandem.

Riechen

*Die Fähigkeit, (Wein-)Aromen genau
identifizieren zu können, ist angeboren*

Wohl eher nicht. Es gibt zwar angeborene Fähigkeiten, die mit der genetisch individuellen Ausstattung zusammenhängen. So reichen bei manchen Menschen bereits kleine Dosierungen von Aromamolekülen, um die Signalkaskade aus Botenstoffen und elektrischen Impulsen in Gang zu setzen, die schließlich in der Großhirnrinde zu einer Duftwahrnehmung und ggf. zu einer Geruchsidentifikation führen. Deren Duftrezeptoren im Riechepithel, dem Nervenzentrum in der oberen Nasenmuschel, reagieren einfach auf Geruchsmoleküle sehr viel empfindlicher als die anderer Menschen. Während dem einen also ein erstes Schnüffeln reicht, um Pflaumen und Nelken zu erkennen, erschließen sich dem anderen die Aromen des Bouquets erst bei einem tiefen und wiederholten Zug aus dem Glas oder gar erst über die Retroolfaktion (s. S. 130), also über das Verwirbeln der Duftmoleküle im Mundraum, die dann über den Rachenraum in den Nasengang aufsteigen.

Die Fähigkeit, einen Duft konkret identifizieren zu können, hat jedoch weniger etwas mit angeborenen als vielmehr mit antrainierten Fähigkeiten zu tun. Wo der eine mit einem ersten Schnüffeln am Glas Paprika oder Butter in der Nase hat, riecht der andere nur – eine Spur von irgendwas. Von irgendwas, was er nicht benennen kann. Weil er nicht weiß, wie Paprika oder Butter riechen. Weil er diese Gerüche eben nicht aktiv abgespeichert hat.

Doch das kann man trainieren. Wer sich mit »der Wein riecht wie eine Sommerwiese« nicht zufrieden gibt, wer stattdessen die Blümchen auf der Wiese konkret benennen möchte, muss sein Riechorgan schulen.

Und das heißt, jeden Tag und bei jeder möglichen Gelegenheit seine Umwelt olfaktorisch zu erschließen. Schnüffeln Sie sich durchs Leben! In der Küche, im Garten, in der freien Natur: Halten Sie Ihre Nase in alles, was Ihnen begegnet, in Kräutersträuße, in Gemüse- und Obstkörbe, in Gewürzdosen, an Schokolade, Fleisch und Meeresfrüchte – immer und immer wieder. Zerreiben Sie Kräuter, Blütenblätter oder Zitrusschalen zwischen den Fingern. So werden die geruchsintensiven ätherischen Öle freigesetzt.

Und wer sich lieber in der Garage als in der Küche aufhält, kann auch hier sein Geruchsorgan schulen: Wie riecht ein Autoreifen, wie Petroleum, Teer oder Benzin? Wie riecht Schweiß? Denn auch diese »Aromen« können Ihnen im Wein begegnen.

Das Anlegen eines olfaktorischen Erinnerungsvermögens geht natürlich nicht von heute auf morgen. Profis ist die Fähigkeit zur Duftidentifikation auch nicht in den Schoß gefallen. Da bedarf es im Zweifel vieler Jahre, eigentlich hält dieser Prozess ein Leben lang an.

Eine weitere Möglichkeit, seinen Geruchssinn etwas gezielter auf typische Weinaromen zu trainieren, besteht in den sogenannten Riechkästen oder Aromabars. Verschiedene Anbieter vertreiben Sets mit Duftflakons, die natürlich oder künstlich hergestellte Aromen enthalten. So kann man trainieren, die charakteristischen Duftnoten bestimmter Rebsorten zu identifizieren. Auch die Identifikation von Fehlnoten wie Pferdeschweiß oder Essig kann man damit exerzieren. Diese Aromabars gibt es in verschiedenen Größen und zu verschiedenen, leider recht hohen Preisen.

Das alles kann man machen. Und wen die Leidenschaft packt, der wird irgendwann an jedem Weinglas wie ein Drogenhund schnuppern. Andererseits sollte man sich auch nicht irre machen lassen. Wem das alles zu aufwändig oder kostspielig ist, der sollte weiterhin einfach völlig unbekümmert seinen Wein genießen. Der hat eben nur die »warme Sommerwiese« in der Nase – und keinen Klatschmohn. Deswegen schmeckt der Wein ja nicht schlechter.

Rosen

Rosen im Weinberg dienen der Verschönerung des Landschaftsbildes

Wer sich hin und wieder dem Vergnügen hingibt, durch die Weinberge europäischer Weinregionen zu spazieren oder gar zu wandern, wird seit einigen Jahren festgestellt haben, dass vor manchen Rebzeilen Rosen gepflanzt wurden. Das sieht hübsch aus. Vor allem, wenn die Rosen blühen. Und man könnte auf den Gedanken kommen, dass die blühende Pracht der ebenso blühenden Phantasie ambitionierter Tourismusbeauftragter entsprungen ist: »Unsere Weinberge sollen schöner werden.« Damit sie kommen, die Touristen.

Vielerorts ist tatsächlich genau dies die Absicht. Denn wer wandert, kehrt ein. Und trinkt Wein. Übernachtet gar. Will heißen: Er bringt Geld mit. Und Geld können auch die Dörfer in Weinregionen brauchen. Also putzt man sich hübsch heraus. Auch im Weinberg.

Doch so manch ein Winzer, vor allem jene, die sich dem naturnahen oder gar Öko-Anbau verpflichtet fühlen, setzen die Rosen aus einem ganz anderen Grund. Sie greifen zurück auf eine alte Tradition, derzufolge Rosen einst als Indikatorpflanzen gedient haben.

Das ist pfiffig! Und funktioniert so: Einer der größten Feinde des Rebstocks ist der Mehltau. Dieser Pilz befällt aber nicht nur Rebstöcke, sondern eben auch Rosen. Letztere allerdings zuerst, weil Rosen noch viel empfindlichere Mimosen sind als Weinstöcke. Vom Mehltau befallene Rosen sind quasi die Alarmglocken des Weinbergs. Und wenn die läuten, dann wird es für den Winzer höchste Eisenbahn, vorsorglich etwas gegen Mehltau auszubringen. Zum Beispiel geringe Mengen fein gemahlenen Schwefels.

Was für ein Quatsch!, kommentieren da andere Winzer solcherlei Altvätersitte. Wer sich auf den Blumenzauber verlässt, der ist verlassen. Und zwar von allen guten Geistern. Denn erstens sind die meisten Rosensorten mittlerweile so intensiv auf Resistenz gezüchtet, dass sie als Alarmglocken einfach nicht mehr taugen. Zweitens sind auch die Rebsorten von heute nicht mehr so anfällig wie die von früher. Und drittens gibt es heute sehr viel verlässlichere moderne Warnsysteme und Bekämpfungsmittel. Ein tumber Tor, wer als Winzer den Rosenkavalier spielt.

In der Tat: Man muss als Winzer schon wissen, was für Rosen man da in den Wingert setzt, damit sie als Frühwarnsystem funktionieren. Aber wenn man weiß, was man tut, dann scheint's zu klappen. Die Blumenkinder unter den Winzern schwören jedenfalls drauf.

Darüber hinaus ist hochoffiziell erwiesen, und zwar von der Bayerischen Landesanstalt für Weinbau und Gartenbau: Heckenrosen, die man in den Weinberg pflanzt, sind ein beliebter Unterschlupf für Nützlinge. Wenn sie nur groß genug sind, die Hecken. Dann fühlen sich hier zum Beispiel Zwergwespen sehr wohl. Und die wiederum sind die Todfeinde der grünen Rebzikade, einem üblen Phloemsauger, der hin und wieder Weinberge überfällt und Blattrandnekrosen hervorruft. Was das genau ist, müssen wir jetzt nicht weiter erörtern. Es hört sich krank genug an, um sich nicht darüber zu wundern, dass die Folge Ertragsminderungen sind. Da sollte man den Zwergwespen doch lieber eine hübsche Heimstatt bieten, als Winzer. Also Rosenhecken pflanzen. Dann kann man auf die Chemiekeule verzichten.

Wundern Sie sich also nicht, wenn's hier und da auf Ihren Wanderungen durch die Weinberge streckenweise recht rosig zugeht.

Schmecken

Die Aromen eines Weines
kann man schmecken

»Wow, der schmeckt aber lecker, der Weißburgunder!«, sagt man. Und denkt man. Doch da denkt man leider falsch. Was man da glaubt zu schmecken, riecht man nämlich in erster Linie. Fast alles, was vollmundig in Form von Weinlyrik zur Beschreibung der Aromenvielfalt eines Weines über die Lippen kommt, identifiziert der Mensch in erster Linie über die Nase. Das eigentliche »Schmeckorgan«, also die Zunge bzw. der Mundraum, ist nämlich als Werkzeug zur Identifizierung von Aromen nur bedingt einsatzfähig.

Die vor allem vorne, hinten und an den Seiten der Zunge sowie in etwas dünnerer Besiedlung auch in der Mundschleimhaut und am Gaumen befindlichen ca. 2000 Geschmacksknospen können gerade einmal fünf verschiedene Geschmacksmuster erkennen: salzig, bitter, süß, sauer und Umami (was aus dem Japanischen kommt, so viel wie »Wohlgeschmack« heißt und einen Geschmackseindruck beschreibt, der auf Glutamate zurückgeht und vor allem eiweißhaltige und kalorienhaltige Nahrung signalisiert). Das war's.

Das reicht auch. Für die Zunge jedenfalls. Die soll als sogenannter Nahsinn lediglich als eine erste Prüfinstanz checken, ob das, was da Eintritt begehrt, überhaupt eintrittsberechtigt ist: Bitter (pflanzliche Giftstoffe) – muss draußen bleiben. Süß (kalorienreiche Kohlenhydrate) – hereinspaziert! Sauer (unreife Frucht) – no entry! Salz – herzlich willkommen! Umami – mmmh, lecker Pizza!

Die Zunge kann also in einem Schluck Wein allein die Süße des unvergorenen, traubeneigenen Zuckers, die Säuren (zum Beispiel Wein-, Apfel-, Milch- oder auch Essigsäure) und bittere Phenole wie die Tannine (s. S. 162) identifizieren. Salzige Geschmacksmuster, wie sie neuerdings in der Fachpresse zunehmend beschrieben werden, kommen im Wein gleichwohl selten vor. Sehr viel häufiger werden stattdessen mineralische Anklänge (zum Beispiel von Schiefer) wahrgenommen. Und natürlich ermittelt man mit Zunge und Mundraum noch die Temperatur und die Viskosität des Weins, ob er sich also eher ölig, wässrig oder cremig präsentiert. Mehr aber nicht.

Um wie viel leistungsfähiger ist da die Nase! Ca. 90 Prozent dessen, was wir essen und trinken, nehmen wir deshalb auch nicht im Mund, sondern in der Nase wahr! Im Riechepithel, einem ca. zweieurostückgroßen Nervenzentrum in der oberen Nasenmuschel, sitzen nämlich 10 bis 100 Millionen Sinneszellen mit unterschiedlichen Rezeptoren, an denen entsprechend viele Duftmoleküle nach dem Schlüssel-Schloss-Prinzip andocken können. Über eine Signalkaskade von Botenstoffen und elektrischen Impulsen gelangen die Duftreize dann zur Wahrnehmung ins Gehirn. Ohne das Riechorgan geht dementsprechend nichts. Mit zugehaltener Nase kann man einen Riesling geschmacklich kaum von einer sauren Gurke unterscheiden.

Mit Nase aber geht viel: Angeblich bis zu 10 000 verschiedene Düfte kann der Mensch identifizieren – potentiell. Benennen hingegen kann er nur die Düfte bzw. Duftkombinationen, die er auch mit einem Verursacher abgespeichert hat. Oder mit einem Gefühl, einem Erlebnis. Je nach individueller Dufterfahrung und -speicherung. So kann der eine die Duftwolke, die da dem Glas entspringt, eindeutig als Flieder identifizieren. Für den anderen duftet der Wein einfach »herrlich, wie Tante Hertas Garten im Frühjahr« – in dem vermutlich ein Fliederbusch stand.

Um die Komplexität eines Weines »geschmacklich« erfassen zu können, sollte man also bemüht sein, so viele Duftmoleküle wie möglich in den Nasenraum zu transportieren. Das ist der Grund fürs ausgiebige Schwenken und Schnüffeln am Glas. Noch besser funktioniert es über die Hintertür, über die sogenannte Retroolfaktion, wenn man die Lippen spitzt, ein wenig Luft ein- und über den Wein zieht. So gelangen auch retronasal über den Rachenraum Duftwolken ins Näschen. Ebenso wie beim Ausatmen nach dem Schlucken.

Ob man nun tatsächlich das Bouquet eines Weines in Nase und Gehirn entschlüsseln kann, hängt von der individuellen Riechschärfe ab. Die wiederum ist von der individuellen Empfindlichkeit der Rezeptoren abhängig. Noch viel mehr allerdings davon, wie groß die Bandbreite der im Gehirn abgespeicherten Aromen ist. Ob man also die Duftmoleküle in der Nase tatsächlich als Sandelholz und Melone identifizieren kann (s. S. 126).

Letzteres ist zwar trainierbar (s. S. 126), aber keine zwingende Voraussetzung für einen gediegenen Spaß am Wein. Dann schmeckt er eben nicht nach Flieder. Dann schmeckt er eben nach Tante Hertas Garten – im Frühjahr. Was gibt es Schöneres?

Schönen

Eier und Fische haben im Wein nichts verloren

»Enthält Spuren von Ei, Milch und Fisch« steht auf dem Etikett. Nicht von irgendeinem Convenience-Süppchen, sondern auf einem Weinetikett! Zum Beispiel auf einem Cabernet Sauvignon aus den USA. Ei? Fisch? Ist da jetzt Bouillabaisse drin? Oder doch Rotwein? Was – um Himmels willen – haben die Amis da wieder in den Wein gepanscht?

Ei, Milch und Fisch haben sie da in den Wein »gepanscht«. Und sie haben damit das gemacht, was überall auf der Welt, auch in Europa, als Bestandteil von sogenannten Schönungstechniken gang und gäbe ist. In Europa ist es (bisher) jedoch nicht deklarationspflichtig. In den USA schon. Die nehmen es mit dem Verbraucherschutz etwas penibler als wir. Denn wenn in den Staaten ein Allergiker eine Entschädigungsklage auf den Weg bringt, weil er den Nachweis hat führen können, dass die Spur Ei im Wein einen Allergieschub ausgelöst hat, kann das einen Weinhersteller in den Ruin treiben. Die Amis klagen nämlich gerne in Millionenhöhe. Also weist man lieber drauf hin. Ebenso wie in Australien und Neuseeland.

Ab 2012 müssen auch in der EU alle neu in den Handel ausgelieferten Weine, die Spuren von Eiweiß enthalten, mit einem Hinweis auf dem Etikett versehen sein. Auch wenn bisher noch kein einziger Fall bekannt geworden ist, dass durch die in Spuren vorhandenen Stoffe im Wein ein Allergieschub ausgelöst worden wäre.

Dabei hätten Allergiker in der Vergangenheit Gelegenheit genug gehabt, nach dem Genuss von Wein umzufallen wie die Fliegen. Denn der Einsatz von (nicht nur) eiweißhaltigen Substanzen zur Schönung des Weins gehört seit den alten Römern zum Handwerk der Kellermeister. Und das nicht ohne Grund. Nach der Gärung befinden sich nämlich noch jede Menge Trubstoffe und Schwebeteilchen (Kolloide) im Wein, die nicht zuletzt der Verbraucher genau da nicht haben will: Proteine, Tannine, Staub oder Anthocyane zum Beispiel, die den Wein instabil machen können, die ihn trüben oder als milchige Schlieren die gewünschte strahlende Klarheit im Glas verhindern würden.

Geschönt wird mit einer Vielzahl möglicher Mittelchen, zum Beispiel mit Kasein aus Milch, Gelatine oder Albumin (beides eiweißhaltig), mit Fischblase, mit der Tonerde Bentonit, mit Aktivkohle, Blutlaugensalz u.v.m. Bei hochwertigen Rotweinen setzt man – wie bei der Klärung einer Bouillon – sogar frisch aufgeschlagenes Eiweiß ein. Das Prinzip ist im Wesentlichen immer das gleiche: Die Schönungssubstanzen weisen eine zu den Schwebepartikeln im Wein entgegengesetzte elektrische Ladung auf, binden und fällen sie so aus. Nachdem die Schwebeteilchen im Tank oder Fass zu Boden gesunken sind, wird der Wein abgestochen, also umgefüllt, wobei der ausgefällte Bodensatz zurückbleibt (im Prinzip wie beim Dekantieren, s. S. 42). Von den eingesetzten Schönungsmitteln finden sich nachher im Wein entweder keine oder nur geringfügige Rückstände.

Alltags- und Massenweine sind in der Regel mehrfach und intensiv geschönt. Man kann sich natürlich auch Zeit lassen. Die meisten der unerwünschten Kolloide fällen nämlich mit der Zeit von ganz alleine aus und sinken zu Boden. Doch das dauert. Und man muss den Wein mehrfach abstechen. Im Bordeaux wird in vielen guten Châteaus im ersten Jahr der Wein viermal, im zweiten Jahr immerhin noch zwei- bis dreimal abgezogen. Hier wird auf eine Schönung weitestgehend verzichtet. Ebenso wie auf die anschließende Filtration (s. S. 63), die ebenfalls dazu dient, Schwebepartikel zu entfernen. In der Flasche verbleibt dann aber in der Regel ein gewisser Bodensatz.

Bodensatz will man nicht im Alltagswein. Und außerdem ist Zeit Geld. Dieses Vorgehen gönnt man sich also nur bei höherwertigen Weinen mit einer längeren Reife- und Lagerzeit. Und bei denen wird der Bodensatz dann mit einem Mal zum Marketing-Argument – »ungeschönt« und »ungefiltert« ist ein Grund zu kaufen.

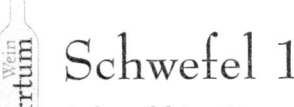

Schwefel 1

Schwefel im Rotwein erzeugt Kopfschmerzen

Schwefel hat zweifelsfrei ein Imageproblem. Es mag an seiner kulturhistorischen Nähe zu Tod und Teufel liegen. Mythen zufolge betritt der Höllenfürst gerne mit pestilenzialischen Schwefelwolken die Bühne. In der mittelalterlichen Hölle trugen zudem »Pech und Schwefel« für ein besonders nachhaltiges Feuer Sorge, in dem die sündigen Delinquenten glühende Qualen zu bestehen hatten. Und jeder weiß es aus dem Chemieunterricht: Schwefel stinkt! Man kann dem Schwefel also viel Übles nachsagen. Aber erstens nicht, dass er nur in Rotwein vorhanden wäre und zweitens schon gar nicht, dass man von ihm Kopfschmerzen bekäme.

Wo die populäre Vorstellung herrührt, dass allein oder vor allem Rotwein geschwefelt sei, weiß der besagte Teufel. Tatsache ist, dass nahezu alle handelsfähigen Weine, also auch Weißweine, vor allem edelsüße

Weißweine, geschwefelt werden. Letztere sogar in vergleichsweise hoher Konzentration, weil sie wegen des hohen Zuckergehaltes sehr oxidationsanfällig sind.

Schwefel ist – übrigens seit der Antike – in der Weinwirtschaft *das* konservierende Mittel der Wahl, egal ob Rot- oder Weißwein. Da beißt die Maus keinen Faden ab. Schwefel wirkt nämlich auf einer eklatanten Bandbreite: Er wirkt antimikrobiell, antioxidativ, er stabilisiert gewünschte sekundäre Pflanzenstoffe und neutralisiert viele üble Gärungsnebenprodukte.

Schwefel ist, je nach Menge, aber natürlich auch ein Gift. Vielleicht rührt daher die irrige Annahme, dass er für Kopfschmerzen verantwortlich wäre. Ein fataler Irrtum. Denn Schwefel wird ganz im Gegenteil unter anderem gerade dazu eingesetzt, einen der größten Kopfschmerz-Verursacher zu binden: Acetaldehyd, ein Gärungsnebenprodukt. Mit anderen Worten: Kopfschmerzen bekommt man eher von minderwertigen und zu schwach geschwefelten Weinen, die mit einer Kübelladung Acetaldehyd dafür sorgen, dass der Körper mit dem Umbau des Acetaldehyds zu harmloser Essigsäure nicht nachkommt. Wie zum Beispiel beim beliebten Federweißen, der noch fröhlich und (weitestgehend) schwefelfrei vor sich hin gärt und eines der probatesten Mittel dafür darstellt, am nächsten Morgen das Gefühl nicht loszuwerden, dass nächtens eine Dampfwalze über das Kopfkissen gerollt sein muss.

Fakt ist, dass ein gesunder Mensch erst ab einer Menge von 1000 Milligramm Sulfit mit Kopfschmerzen, Übelkeit oder Durchfall rechnen muss. In den meisten Weinen liegt Schwefel jedoch lediglich in einer Konzentration von 100 bis 150 Milligramm pro Liter vor. Also: Zehn bis zwanzig Flaschen dürfen es schon sein, um sich vom Schwefel im Wein Kopfschmerzen ansaufen zu können. Wohl bekomm's!

Für Allergiker hingegen stellt Schwefel im Wein tatsächlich ein Problem dar. Denen reichen bereits kleinste
Mengen, um sich mit Erbrechen, Atemnot und einer
Kellerfahrt des Blutdrucks zu verabschieden. Für diese
geplagten Menschen hat die EU seit 2005 jedoch eine
Kennzeichnung von Lebensmitteln, die Allergene enthalten, zur Pflicht gemacht. Auf allen Weinflaschen, die
seit 2005 abgefüllt wurden (auch den importierten),
muss seither mit dem Hinweis »Enthält Sulfite« (oder
»Enthält Schwefeldioxid«) auf eine Schwefeldioxidkon-
zentration jenseits von 10 Milligramm pro Liter auf-
merksam gemacht werden.

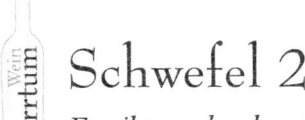

Schwefel 2

Es gibt auch schwefelfreie Weine

Im Prinzip nein. Erstens, weil Schwefeldioxid ein natür-
liches Stoffwechselprodukt der durch Hefen initiierten
alkoholischen Gärung ist. Und damit ist Schwefel in jedem Wein vorhanden (bis zu 30 Milligramm pro Liter).
Und zweitens, weil nahezu ausnahmslos jeder Wein –
auch Bio-Wein – zum Zwecke der Konservierung noch
künstlich geschwefelt wird. Und das schon seit Diony-
sos und Bacchus.

Schwefel wird heute in Gasform, flüssig oder in Tab-
lettenform verabreicht. Und zwar zu drei verschiedenen
Zeitpunkten: im Most- bzw. Maischestadium (also zu
Beginn und während der Gärung), nach der Gärung
und bevor der Wein auf Flaschen gezogen wird. Und es
gibt – bisher jedenfalls – nichts Besseres.

Schwefel gilt nach wie vor als sichere und gesundheitlich unbedenkliche (s. S. 135) Bank im Kampf gegen

so ziemlich alles und jeden, der dem Wein gefährlich werden kann. Schwefel ist vor allem ein Sauerstoffkiller (s. S. 18). Manche Winzer setzen Schwefel bereits bei der Lese im Weinberg ein, vor allem wenn die Lesewannen zu groß sind und das Gewicht der oberen Trauben zum Platzen der unteren Trauben führt – der austretende Saft droht dann zu oxidieren, wenn die Lese nicht binnen kürzester Zeit auf die Kelter kommt, sondern, wie bei manchen Massenwein-Produzenten, den ganzen Tag und womöglich noch bei hohen Temperaturen im Weinberg rumgammelt. Im Moststadium attackiert Schwefel sauerstoffübertragende Enzyme, während der Flaschenreifung bindet er Sauerstoff – er verhindert an so ziemlich jeder Front, dass der Wein kippt, Sherrynoten annimmt und die Farbe ins Bräunliche umschlägt. Weil er der Oxidation entgegenwirkt, trägt er zur Haltbarkeit bei.

Schwefel hat auch antimikrobielle Vorzüge, reagiert mit unerwünschten Mikroorganismen (Bakterien, Pilze), die das Geschmacksbild des Weins verhageln können. Essigsäurebakterien zum Beispiel, die den gefürchteten Essigstich hervorrufen, geht er frontal an. Eine weitere Hauptaufgabe: das Gärungsnebenprodukt Acetaldehyd abzubinden, das einen unangenehmen Alterston und üble Kopfschmerzen (s. S. 135) verursachen kann. Dies geschieht nach der Gärung und vor der Flaschenabfüllung. Und so könnte man fortfahren mit den Vorzügen des Schwefels.

Nachteile hat er aber auch. Vor allem, dass ein Zuviel an Schwefel einen Wein in seiner Entwicklung blockiert, gar zurückwirft, das Bouquet deckelt oder sich mit einem unangenehm stechenden Geruch in den Vordergrund drängelt. Weshalb man im Weinkeller heute mehr als vorsichtig mit Schwefel hantiert. Vor allem im oberen Qualitätsdrittel. Trockene Weißweine weisen im Schnitt nicht mehr als 80-100 Milligramm Schwefeldioxid pro Liter auf (erlaubt wären 160), trockene Rotweine liegen oft noch darunter. Lediglich süße Spätlesen dürfen stärker geschwefelt werden (300-400 Milligramm), weil sie wegen des Zuckergehalts sehr viel oxidationsanfälliger sind.

Dass man die Finger zunehmend vom Schwefel lassen konnte, liegt zum einen an dem geschmacklichen Trend zu den weniger empfindlichen trockenen Weinen. Zum anderen an verbesserten Hygienestandards und an kellertechnischen Fortschritten, die den Kontakt des Weines mit Sauerstoff reduziert haben. Vor der Flaschenabfüllung wird statt Schwefel hin und wieder auch auf die ebenfalls antioxidative Ascorbinsäure gesetzt oder man spült die Flaschen mit Kohlensäure aus, die ebenfalls eine vorzeitige Oxidation zu verhindern vermag.

Einige Amphorenwinzer (s. S. 8) versuchen es jedoch immer wieder auch ganz ohne künstlich zugesetzten Schwefel, weil man jegliche Fremdstoffe kampfideologisch ablehnt. Die Ergebnisse sind jedoch mit »interessant« meistens recht wohlwollend umschrieben. Andere haben mittlerweile einige Routine entwickelt im Vinifizieren von besonders sauerstoffresistenten Traubensorten wie Syrah (Rhône) oder auch der seltenen Pousard-Traube im Jura - und erzielen überzeugende Ergebnisse. Aber das sind die berühmten Ausnahmen von der Regel.

Sekt

*Wie Falstaffs »Sack«
zum deutschen »Sekt« mutierte*

Schuld an der deutschen Bezeichnung »Sekt« für
Schaumwein ist ein Engländer. So man in diesem
Zusammenhang von Schuld sprechen möchte. Der
Engländer jedenfalls heißt Shakespeare (1564–1616)
und ist mithin recht bekannt. Und die Geschichte,
wie Shakespeare sich ins deutsche Schaumwein-
wesen schmuggelte, folgt wie so manches seiner
Stücke einem kuriosen, etwas verschlungenen
Drehbuch. Doch eins nach dem anderen.

Zunächst: Shakespeare hatte eine Schwäche für
Figuren, die sich als parodistische Gegenentwürfe
zu den Titelhelden vor allem in den weltlichen Niederungen des Daseins auskannten – und sich dort
sehr wohl fühlten. In »Heinrich IV.« stellt Sir John
Falstaff so eine Figur dar. Er ist ein Saufkumpan,
ein Aufschneider, ein Strauchritter der Liebe, dem
es vor allem nie an Durst auf Alkoholisches man-
gelt. Und Durst auf Alkoholisches pflegte man im
England Shakespeares vor allem mit »sack« zu lö-
schen. Weshalb Falstaff auf der Bühne lauthals
wiederholt einen »cup of sack« begehrt.

Als nun die deutschen Übersetzer Ludwig Tieck
und Friedrich Schlegel »Heinrich IV.« im Jahre 1800
übersetzten, wurde aus dem englischen »sack« das
deutsche »Sect«. Gemeint war damit jedoch nicht
die deutsche Entsprechung zum Champagner.
Champagner (s. S. 34) gab es zu Shakespeares Zeiten nämlich noch gar nicht. Sekt auch nicht. Was
also trank Falstaff, als er nach »sack« bzw. »Sect«
verlangte?

Falstaff trank Sherry. Mit »sack« (ebenso wie mit »Sect«) bezeichnete man nämlich ursprünglich einen fruchtigen Südwein wie die süßen Sherrys aus Spanien. Was sprachhistorisch einen gewissen Widerspruch darstellt, leitet sich »sack« doch vom lateinischen »siccus« für »trocken« ab, weshalb es auch im »vino seco« für einen trockenen Wein in Abgrenzung zu den süßen spanischen Weinen auftaucht. Als sich der englische Weinhandel auf dem spanischen Weinmarkt immer breiter machte, wurde mit der Vorliebe der Engländer für spanischen Sherry aus dem »vino seco« der englische »wine seck« bzw. der »sherry sack«. Irgendwann nannte man jeden Südwein, besonders aber den spanischen, einfach »sack« – egal, ob er nun süß oder trocken war. Im Deutschen wurde im 17. Jahrhundert aus dem englischen »sack« schließlich »Seck« bzw. »Sect«.

Wie aber wurde aus dem »Sect« für süßen Südwein schließlich der »Sekt« als Bezeichnung für deutschen Schaumwein? Die Spur führt nunmehr von England nach Berlin. Als man hier im Jahre 1825 »Heinrich IV.« in den Spielplan aufnahm, wurde die Rolle des Falstaff mit dem Schauspieler Ludwig Devrient besetzt. Devrient wiederum hatte wie Falstaff einen Hang zur Wohllebe und suchte nach jeder Vorstellung regelmäßig das Weinlokal »Lutter & Wegner« am Gendarmenmarkt auf, um sich hier unter Einwirkung von Champagner der Entspannung hinzugeben.

An einem Novemberabend betrat Devrient besonders aufgedreht und innerlich noch ganz in der Rolle des Falstaff das Weinlokal am Gendarmenmarkt und befahl dem Kellner ganz in Falstaff-Manier: »Bring er mir Sect, Schurke!« Der Kellner tat gleichwohl nicht, wie ihm befohlen, brachte also keinen Südwein oder Sherry, sondern das, wonach es Devrient nach der Vorstellung zu dürsten pflegte: Champagner.

Dieser Novemberabend im Weinlokal »Lutter & Wegner« gilt seither als die Geburtsstunde des deutschen Sekt-Begriffs. Denn »Lutter & Wegner« war seinerzeit so etwas wie ein »In-Lokal«. Größen wie E. T. A. Hoffmann verkehrten hier. Devrients Auftritt hatte zur Folge, dass es ihm Bekannte, Freunde und schließlich die halbe Stadt in allen Weinlokalen gleich taten und »Sect« bestellten, wenn sie Champagner haben wollten.

Erst in der zweiten Hälfte des 19. Jahrhunderts setzte sich dann der Begriff Sekt für deutschen Schaumwein durch.

Setzdichte

Je mehr Platz eine Rebe hat,
desto besser wird der Wein

Es ist ein wenig so wie mit dem »fetten« Boden (s. S. 29): So wie man fälschlicherweise glauben könnte, dass ein nährstoffreicher Boden zu besonders guten Trauben führt, so könnte man auch meinen, dass die Trauben am Rebstock qualitativ umso hochwertiger sind, je mehr Platz ein Rebstock hat. Denn stehen dem einzelnen Rebstock genügend Raum und damit ausreichend Nährstoffe zur Verfügung, müsste er sie ja auch bequem aufnehmen und in die Trauben pumpen können. Was für einen großen Weitstand im Weinberg sprechen würde (2,5 Meter zwischen den Reben, 3,5 Meter zwischen den Rebzeilen).

Doch es ist wie beim Boden genau umgekehrt: Je weniger Platz ein Rebstock hat, desto mehr muss er mit anderen Rebstöcken um die wenigen Nährstoffe des Bodens kämpfen, desto weniger Trauben wird er bilden. In die aber konzentriert er alles, was er bekommen kann. Insofern führt ein Dichtstand einerseits zwar zu weniger Trauben am Stock, die aber bieten eine weitaus größere Qualität als Trauben aus einem Weitstand.

Denn Rebstöcke ticken einfach anders, als man gemeinhin denkt. Ein Rebstock empfindet ein reichliches Platz- und Nährstoffangebot wie eine Aufforderung, dem Angebot entsprechend ein weit ausuferndes Wurzelgeflecht zu bilden und entsprechend viele Trauben zu produzieren. In denen ist dann aber kaum noch was drin. Im Glas später auch nicht.

Je weniger Rebstöcke auf einem Hektar Rebfläche stehen, desto höher ist also der Ertrag pro Rebstock, umso geringer ist aber auch die Qualität des Leseguts und damit der Weine. Weshalb sich eine weitständige Bestockungsdichte (ca. 1500 Rebstöcke pro Hektar) auch eher für die Produktion einfacher Massenweine eignet.

Je besser die Weine werden sollen, desto enger wird gepflanzt: Ab ca. 3500 Rebstöcken pro Hektar beginnt es interessant zu werden. In den Spitzenlagen des Bordeaux oder Burgunds, in der Champagne, aber auch an der Mosel oder der Saar liegt die Bestockungsdichte sogar bei 8000 oder 10 000 Reben pro Hektar. An solchen Stöcken hängt gerade mal noch ein halbes Kilo Trauben. Die aber haben es in sich!

Wein Irrtum

Silberlöffel

*Ein Silberlöffel im Flaschenhals
hält Schaumwein frisch*

Sie ist so langlebig wie sie falsch ist, die Legende vom Silberlöffel im Flaschenhals, der auf geheimnisvolle Weise einer geöffneten und nicht zur Neige getrunkenen Flasche Sekt oder Champagner die Frische, will heißen, das Prickeln erhalten soll.

Das Prickelnde am Champagner ist das im Wein gelöste Kohlendioxid (CO_2). Bei billigen Schaumweinen zaubert man das CO_2 mithilfe von purem Druck in den Wein. Bei hochwertigeren Schaumweinen ist das CO_2 die Folge der sogenannten zweiten Gärung. Um diese zu erzeugen, fügt man dem bereits auf Flaschen gezogenen Wein eine Mischung aus Altwein, Zucker und Hefe zu. Bei der dadurch ausgelösten (zweiten) Gärung entsteht in der Flasche Kohlendioxid, das wegen des aufgesetzten Kronkorkens nicht entweichen kann.

Das im Flaschenhals durch abschließendes Rütteln gesammelte Hefedepot wird schließlich blitzartig vereist und schießt mit Entfernen des Kronkorkens aus der Flasche. Bevor der Champagner endgültig verkorkt wird, gibt man ihm zum Ausgleich und zur geschmacklichen Harmonisierung in der Regel noch eine Dosage aus Wein und ein wenig Zucker – fertig!

Somit wäre das allseits beliebte Prickeln also zunächst einmal im Schaumwein drin. Und das bei Druckverhältnissen, die zwei- bis dreimal so hoch sind wie in einem PKW-Reifen, nämlich bei 5 bis 6 bar. Dieser Druck ist erwünscht, denn je höher er ist, desto besser löst sich das Kohlendioxid in der Flüssigkeit. Beim Öffnen der Flasche sprudeln die gelösten Gasmoleküle infolge des Druckausgleichs dann an die

Oberfläche. Und darum geht's ja, um das im Sektglas perlende Entzücken.

Der Löffeltheorie zufolge soll nun in einer angebrochenen Schaumweinflasche gar Wunderliches geschehen: Mit seiner relativ hohen Wärmeleitfähigkeit soll der Silberlöffel die Wärme aus dem über der Flüssigkeit befindlichen Raum nach außen abführen. Das Senken der Temperatur wiederum soll dabei helfen, die auch temperaturabhängige Löslichkeit des Kohlendioxids zu erhalten.

Diese Theorie zu bestätigen oder zu widerlegen haben sich schon vor längerer Zeit diverse Institutionen bemüht. Und ob es das Weinforschungszentrum in Epernay (Champagne) war oder das deutsche Fraunhofer Institut oder die Wissenschaftszeitung »New Scientist« – allesamt kamen zu dem gleichen Ergebnis: Die Löffelnummer ist kalter Kaffee.

Erstens ist für die Löslichkeit des Kohlendioxids im Wein der (verloren gegangene) Druck viel wichtiger als die Temperatur. Selbst wenn ein Silberlöffel die Temperatur schnell und signifikant senken würde, was er allerdings nicht oder kaum messbar tut, hätte dies auf den Kohlendioxidgehalt nur geringe Auswirkungen.

Zweitens ist die Luft im Flaschenraum über dem Schaumwein einer der denkbar schlechtesten Wärmeleiter. Ein viel besserer Wärmeleiter ist das Glas der Flasche, das zudem eine viel größere Kontaktfläche mit der zu kühlenden Flüssigkeit hat. Der größte Kühler ist also das Glas der Flasche!

Das Einzige, das wirklich hilft, ist ein fester, luftdichter Verschluss, mit dem sich ein gewisser Druck wiederherstellen bzw. erhalten lässt (ein Viertel mehr CO_2 als bei den Varianten mit Löffel oder einfach ganz offen).

Lässt man jedoch die bei optimalen 8 Grad geöffnete Champagnerflasche Raumtemperatur annehmen, verliert der Inhalt nach nicht allzu langer Zeit gut 80 Prozent des gelösten Kohlendioxids. Und das hält kein Schaumwein aus. Da hilft dann auch kein luftdichter Verschluss mehr.

»Alle Lust will Ewigkeit«, ja, natürlich. Doch die Lust des Schaumweins ist eine Lust des Augenblicks. Und der lässt sich nicht konservieren. Man sollte einen geöffneten Champagner also vielleicht einfach austrinken, solange er kühl und frisch ist. Ist ja keine Strafarbeit.

Sommelier

Keine Berührungsängste –
Weinkellner sind auch nur Eselstreiber

Was da hin und wieder bei Tisch veranstaltet wird, ist ganz großes Staatstheater. Der Herr Weinkellner tritt an den Tisch. Der Gestus signalisiert: Achtung Hochkultur! Ich vermelde im Folgenden Geheimnisse aus den Tiefen der Schatzkammer dieses Hauses. Dann schaltet er sein Verbalgebläse ein. Und es umweht den Gast ein Wirbel von »nasalem Vorspiel«, vom »buttrigen Unterton« im Bouquet, von »Reminiszenzen an Maracuja«, von »frischen Fliedertönen«, von Honig, Eukalyptus, Birne, Stachelbeere, und natürlich sind da auch noch ein paar »mineralische Anklänge vom Schiefer« im Abgang. Und alles in einem Wein! Anschließend lässt der Hohepriester des Weinkellers noch ein Stakkato zur Geschichte des betreffenden Weinguts vernehmen, inklusive Namensregister der letzten 32 adeligen Besitzer und ihrer Kellermeister.

Herr Wichtig im feinen Zwirn nimmt die Vorführung mit sachverständigem Mienenspiel entgegen und tut so, als würde er alles verstehen. Und als hätte er mindestens 18 der letzten Besitzer von »Château Sowieso« persönlich gekannt.

Es sind diese blasierten, öffentlich inszenierten und zelebrierten Rituale der gegenseitigen Selbstvergewisserung, die Otto Normalverbraucher am Tisch nebenan irremachen. »Nicht meine Liga«, denkt der sich. Und die gehobene Gastronomie mit ihren feinen Sommeliers wird er nie mehr betreten.

Die Ausgrenzungsrituale funktionieren. Doch ihre Protagonisten sind alles andere als Botschafter des guten Geschmacks, ihre Rituale so unnötig wie ein Kropf. Und wie geht nun Otto Normalverbraucher damit um? Er sollte sich vergegenwärtigen, dass so ein Sommelier vor allem ein Dienstleister ist. Historisch betrachtet sind Sommeliers sogar nichts weiter als einfache Eselstreiber.

»Sommelier« stammt nämlich vom Alt-Provenzalischen »saumier« für »Lasttier« bzw. vom spätlateinischen »sauma« für »Last« ab. Um 1300 wird mit »Sommelier« im Altfranzösischen ein »Säumer« bezeichnet, also jemand, der Lasttiere belädt. Auch im Deutschen findet sich diese Wortbedeutung wieder, in altertümlichen Begriffen wie Saumpfad oder Saumtier. Ein »Sommelier« war also nichts anderes als ein einfacher »Lasttierführer«. Ein »Eselstreiber«. Im 14. Jahrhundert wurde der Sommelier für das Gepäck, die Wäsche, das Geschirr und den Proviant des Königshofes auf Reisen zuständig, da war er eine Art Cheflogistiker in Offiziersrang.

Erst im 17. Jahrhundert wurde dem Sommelier am französischen Königshof schließlich die Organisation des Tischgedecks, die Auswahl und die Vorbereitung des Weins aufgetragen. Von nun an fungierte er also auch als Mundschenk (den Reiselogistiker nannte man seitdem nicht mehr »Sommelier«, sondern »Sommier«). Und erst nach der französischen Revolution durfte der höfische Sommelier ins bürgerliche Fach wechseln. Seither berät er in Restaurants seine Kunden in Sachen Wein. Im besten Fall bestückt er seinen Weinkeller selbst, serviert den Wein in der richtigen Temperatur und kann die Auswahl seiner Weine begründen – ohne die komplette Kaskade von Duftwölkchen aufzuzählen, die einem möglicherweise da um die Nase wehen.

Wenn sich also beim nächsten Mal so ein »Eselstreiber« vor Ihnen aufbaut und die große Imponierbalz droht, dann fallen Sie ihm höflich ins Wort und übernehmen selbstbewusst die Regie des Gesprächs. Bitten Sie um exakt drei Gründe, warum der ausgesuchte Wein zu welchem Gang passt – nicht mehr, aber auch nicht weniger.

Wenn er gut ist, der Herr Sommelier (oder die Frau Sommelière) – und davon gibt es weitaus mehr als dieser Beitrag vermuten lässt –, dann wird er diese drei Gründe nennen können. Und auf Nachfrage unprätentiös zu allem Auskunft geben – wenn *Sie* darum bitten. Und Sie werden erstaunt sein, zu welchen grandiosen Geschmackskombinationen es beim Essen kommen kann, wenn der richtige Wein auf dem Tisch steht.

Und denken Sie dran: Keine Frage ist doof genug, um sie nicht stellen zu dürfen. Auch die nach dem Preis nicht. Man muss sich das Vergnügen ja nicht nur gönnen *wollen*. Man muss es sich ja auch gönnen *können*.

Spätlese

*Die Spätlese wurde im Rheingau
auf Schloss Johannisberg erfunden*

Sie sind begehrt und teuer, die sogenannten edelfaulen Süßweine (s. S. 159). Die Trauben für diese extravagantesten aller Spätlesen werden erst gelesen, wenn es fast zu spät ist, wenn nämlich der Schimmelpilz Botrytis (s. S. 56) über sie hergefallen ist. Was allerdings gewollt ist. Denn der perforiert die Beerenhaut. Die Flüssigkeit verdunstet, die Beere wird zur ausgezehrten Trockenbeere mit hochkonzentriertem Zucker- und Extraktgehalt. Aus diesem Stoff keltert man süße Träume zu Stopfleber – oder Bratkartoffeln.

Doch wer die vergammelten Trauben selbst einmal in der Hand hat halten dürfen, fragt sich unweigerlich, welche denaturierte Winzerseele wohl das erste Mal auf die absurde Idee gekommen sein mag, aus diesem aschegrauen Filzklumpen noch Wein machen zu wollen. War es Zufall, Experimentierlust, Gewissenlosigkeit oder gar pure Not?

Glaubt man der Legende, war es Unpünktlichkeit. Dieser Untugend machte man sich im Rheingau, zwischen Wiesbaden und Bingen, schuldig. Und zwar auf Schloss Johannisberg, das dem Fürstabt zu Fulda gehörte. Hier bediente man sich zu gegebener Zeit der Institution des »Lesereiters«, der im Herbst die Erlaubnis zur Weinlese vom Besitzer in Fulda einholen sollte.

1775 jedoch kam der Lesereiter aus einer Vielzahl möglicher Gründe mit zweiwöchiger Verspätung zurück. Alle Nachbargüter hatten die Weinlese bereits erfolgreich abgeschlossen – die Trauben von Schloss Johannisberg jedoch hingen restlos verfault und verschimmelt an den Reben. Mit Tränen in den Augen nahm man sich dennoch des vergammelten Leseguts an, um aus den Trauben wenigstens den letzten Tropfen Leben zu extrahieren. Et voilà, das Ergebnis war grandios, ein himmlisches Süßweinerlebnis. Und damit die edelfaule Spätlese erfunden!

So will es die Legende im Rheingau. Doch Urheberrechte hat man da im Rheingau nicht. In Ungarn erzählt man sich nämlich eine ähnliche Geschichte. Die ist knapp 130 Jahre älter und reicht in das Jahr 1650 zurück. Unpünktlichkeit auch hier der Grund. Der berühmte ungarische Süßwein, der Tokajer Aszú (Aszú = »Beerenauslese«), soll auf den Kellermeister Máté Szepsi-Laczkó zurückgehen, der die ungarischen Weingüter der Zsuzsanna Lorántffy beaufsichtigte. Im Jahre 1650 soll er wegen eines befürchteten Angriffs der Türken die Weisung erteilt haben, mit der Weinlese zu warten, bis sich die bedrohliche Situation geklärt habe. Was man auch tat. Das Ergebnis war – wie im Rheingau – der Befall der Trauben mit *Botrytis cinerea*, mit Edelfäule. Der daraus gemachte Wein war – wie im Rheingau – ein edler Süßwein, besonders beliebt an den europäischen Fürsten-, Königs- und Kaiserhöfen.

Nun gibt es aber noch eine weitere Süßweinlegende. Denn wie könnte die berühmteste französische Süßweinregion um den Ort Sauternes (südöstlich von Bordeaux) ohne eine passende Geschichte bestehen? Château d'Yquem, das bekannteste Weingut mit der höchsten Qualifikation im Bordelais, dient sich der Weinwelt ebenfalls mit einer Süßweinlegende an. Und auch hier war's – nun, denn – Unpünktlichkeit. Im Jahre 1847 soll der damalige Besitzer, Marquis Bertrand de Lur-Saluces, von einer Russlandreise verspätet zurückgekehrt sein und somit eine pünktliche Weinlese verhindert haben. Die Folge? Na, was wohl! Edelfäule und ein erstklassiger legendärer Süßwein.

Wem soll man nun glauben? Allen? Oder nur einem? Alles Legende? Oder Wahrheit? Letztlich gleichgültig. Im Glas sind alle drei Edelsüßen eine wahre Legende. Das ist die legendäre Wahrheit!

Spucken

Zu einer Weinprobe gehören Spucknäpfe

Über eins darf man unter halbwegs zivilisierten Menschen unseres Kulturkreises Konsens erwarten: Spucken ist unschicklich! Die Steigerung – Spucken bei Tisch – zählt so ziemlich zu den gröbsten Verletzungen zivilisierter Etikette. Und das – mit Verlaub – seit Jahrhunderten! Selbst im Mittelalter, als das Ausspeien zu nahezu allen Gelegenheiten eine grobschlächtige Alltäglichkeit darstellte, tauchten in französischen, deutschen oder auch englischen Tischzuchten erste Benimmregeln auf: »Spucke nicht auf oder über den Tisch!«

Auch der Spucknapf ist seit dem Beginn des 20. Jahrhunderts im westlichen Abendland von der Bildfläche der Alltagskultur verschwunden. Umso befremdlicher mutet die seltsame Unsitte an, bei privaten Weinverköstigungen eben jene Spucknäpfe wieder auf den Tisch zu stellen. Zumal dann, wenn es begleitend zum Wein auch noch etwas zu essen gibt, das qualitativ jenseits von einer Scheibe Weißbrot liegt.

Für Winzer und Weinhändler, für Degustationskommissionen, Sommeliers und Weinjournalisten auf Messen und großen Weinproben ist der Spucknapf mit Rücksicht auf die begrenzte Leistungskraft der menschlichen Leber eine Frage des Überlebens – 40, 130 oder gar 200 Weine rollen da bisweilen an einem

Tag über die Profizungen. Andere treiben es nicht ganz so bunt. Philipp Schwander zum Beispiel, Schweizer Weinhändler und Master of Wine, probiert im Schnitt gut 100 Weine – in der Woche. Und gibt zu: »Ich wäre längst tot, wenn ich die schlucken würde!« Spucken gehört hier also zur Arbeit!

Doch was da in Laienkonventikeln bisweilen betrieben wird, ist ein sinnentleerter Imitationsritus, auf den man getrost verzichten kann. Denn das Sensorium eines Durchschnittstrinkers (dazu zählen auch alle großspurigen Möchtegernconnaisseurs) kann erwiesenermaßen nach sechs bis zehn Weinen kaum noch ein verlässliches Bild der Persönlichkeit zeichnen, die sich da im Glas offenbart. Als durchschnittlicher Weinkonsument sollte man privat oder beim Weinhändler die Anzahl der probierten Weine also einfach beschränken.

Zumal man bei einer begrenzten Anzahl von degustierten Weinen vor allem das machen kann, wozu Wein eigentlich hergestellt wird: Man kann ihn trinken! Denn darum geht es schließlich. Es geht ums Trinken, ums Genießen – nicht ums Spucken. Und bei solchen Verzehrmengen besteht selbst bei zarter gestrickten Lebern keine Gefahr einer akuten Alkoholvergiftung. Pro Wein kommt man schließlich mit zwei bis drei Probeschlückchen hin. Wen das allerdings noch dahinrafft, der sollte lieber mal ein paar Gedanken an Tee verschwenden.

Und noch einen letzten Vorteil verspricht der Verzicht aufs leidige Spucken: Erst beim Schlucken zeigt sich das ganze Potential eines Weines, weil sich erst über die Retroolfaktion (s. S. 130), also beim Schlucken und anschließenden Ausatmen, viele Aromen im Rachenraum entfalten. Und warum sollte man auf diesen Schlussakkord ohne Not verzichten?

Wer also an mehr als vier oder sechs verschiedenen Weinen Interesse hat, sollte einfach zwei Weinproben veranstalten. Geteiltes Vergnügen ist doppeltes Vergnügen. Und den Spucknapf sollte man den bedauernswerten Profis überlassen. Und den Angebern, die meinen, sich damit als ganz große Degustationshengste auszuweisen. Wer's braucht ...

Strom

Wein kurios

Die Turbo-Reifung aus der chinesischen Steckdose

Aus Trauben Wein herzustellen braucht einfach Zeit. Die Trauben müssen wachsen, sie müssen gelesen und anschließend gepresst werden. Es folgt die Klärung, die Gärung, die Schönung, die Filtrierung und schließlich die Reifung – in Stahl oder Holz und in der Flasche.

Vor allem Letzteres, die Reifung, kann dauern. Komplexe chemische Prozesse finden da statt. Phenolische Verbindungen verschmelzen, Tannine werden weicher, Alkohol und Säuren reagieren zu hocharomatischen Estern – aus einem ruppigen Rohstoff reift langsam und im besten Fall weiße oder rote Harmonie und Eleganz. Das geht mal schneller und mal langsamer. »Langsam« kann je nach Anbaugebiet, Vorschrift und anvisierter (Spitzen-)Klasse auch schon mal ein paar Jahre währen, auf der Flasche gerne auch Jahrzehnte.

Für so was hat man in China keine Zeit. Da muss alles schnell gehen. Das Land der Mitte hat den Turbo eingelegt – wirtschaftlich, politisch. Und zu solchen dynamischen Prozessen passt es einfach nicht, sich ein paar Jahre neben ein Holzfass zu hocken – und zu warten. Dauert zu lang. Der Chinese hat *jetzt* Durst. Durst auf Wein. Und er stillt diesen sich binnen kürzester Zeit verdoppelten und verdreifachten Durst weitestgehend mit heimischen Gewächsen (doch, die gibt es!). Die müssen schnell zur Trinkreife getrieben werden – aus dem Weinberg in den Kopf.

Insofern wundert es nicht, dass ausgerechnet in China eine Technologie entwickelt wurde, auf die man im Land des Lächelns sehr stolz ist – und auf die die traditionelle Weinwelt mit dem erregten Tremolo heller Empörung reagierte. Zehn Jahre experimentierten chinesische Chemiker, bis sie ihre Turbo-Reifung aus der Steckdose der ungläubigen Wein- und Wissenschaftsgemeinde vorstellen konnten!

Das Prinzip: Setzt man drei Monate jungen, eigentlich noch gar nicht trinkbaren Wein (in diesem Fall Cabernet Sauvignon) in einem Rohr elektrischen Feldern mit sich regelmäßig ändernder Polung aus, wird binnen weniger Minuten aus dem Jüngling ein gereifter Tropfen. Das musste jedenfalls eine geladene zwölfköpfige Gruppe von Sommeliers im Rahmen einer anschließenden Blindverköstigung neidlos anerkennen. Man sprach von einem harmonischen, ausgereiften, fruchtbetonten Tropfen. Sie konnte sogar die Traube eindeutig als Cabernet Sauvignon identifizieren.

Eine labortechnische Analyse ergab zudem: Innerhalb von drei Minuten fand unter Strom tatsächlich zwischen Säuren und Alkohol eine Veresterung statt. Auch unangenehm aufstoßende

Fuselöle wie Butanol und Propanol wurden auf diese Weise um bis zu 30 Prozent abgebaut. Wie bei der richtigen Reifung! Nur eben schneller: nicht über Monate oder gar Jahre – in drei Minuten! Fertig! Einige chinesische Kellereien sind bereits um- und eingestiegen in diese neue Technologie.

»Potztausend!«, möchte man da ausrufen. Jetzt überholt der Chinese auch noch die gute alte Weinwelt rotzfrech auf der Überholspur. Allein, es stellt sich die Frage, wie weit er da wohl kommt, der Chinese. In der guten alten Weinwelt hat man nämlich schon mit allerlei anderem Turbo-Zauber so seine Erfahrungen gemacht. Mit Turbo-Enzymen zum Beispiel. Die sollten den Wein auch schneller reifen lassen. Den konnte man zwar trinken. Aber nicht lange in den Keller legen. Der war nämlich schneller hinüber als man hingucken konnte.

Also, bis auf Weiteres gilt: Ruhe bewahren und neben das Holzfass setzen. Und ausharren. Bis der Wein so weit ist. Geduldig. Wie ein tibetanischer Gebetsmönch. Denn, liebe Chinesen: In der Ruhe liegt die Kraft!

Supertoskaner

*Wie man die besten Toskaner
zum Tafelwein degradierte*

Die Weine der Toskana im Allgemeinen und des dort angesiedelten Chianti-Anbaugebietes im Besonderen lagen in den 1960ern ziemlich am Boden. *Il Fiasco* nannte man nicht nur die traditionelle bauchige, mit Stroh umwickelte Flasche. Mit Fiasco war auch deren Inhalt treffend beschrieben. Die Chianti-Nachfrage des prosperierenden Nachkriegseuropas stillte man mit dünnsten Tröpfchen aus fragwürdigen Klonen der regionaltypischen Sangiovese-Traube. Insgeheim wurden die Chiantis sogar mit Weinen aus dem heißen Süden aufgepeppt, damit sie überhaupt nach etwas schmeckten.

Doch dann betraten zwei Männer die italienische Bühne, die Großes im Sinn hatten und sich einen Kehricht um verkommene Traditionen kümmerten. Ganz nach dem Motto: Ist der Ruf erst ruiniert, experimentiert es sich ganz ungeniert. Der eine war der Spross einer alten piemontesischen Adelsfamilie und hieß Marchese Mario Incisa della Rochetta. Der Marchese liebte besonders französische Weine und hatte bereits in den 30ern im Piemont mit einem barriquegereiften Pinot Noir ein wenig Burgund gespielt. Ziemlich erfolglos. Seine Frau brachte schließlich ein kleines Weingut an der toskanischen Küste bei Bolgheri mit in die Ehe, die Tanuta San Guido.

Der wie überall in der Toskana allgegenwärtige Sangiovese zeitigte hier jedoch nur belanglose Ergebnisse. Dem Marchese fiel aber auf, dass Klima und Boden dem des Bordeaux ähnelten. Also setzte er Ende des zweiten Weltkrieges einige französische Cabernet-Sauvignon-Rebstöcke in die toskanische Erde. Das Ziel war ambitioniert: Anvisiert wurde so was wie ein italienischer Grand Cru! Und siehe da – das Ergebnis des ersten Jahrgangs war: grauenvoll! Nicht trinkbar. So blieb es auch die folgenden Jahre. Der Wein verblieb allein für den privaten Gebrauch. Wofür sich besonders die Freunde herzlich bedankten.

Im Jahre 1968 aber wurde als Ergebnis vieler Experimente erstmals ein marktreifes Produkt angeboten: »Sassicaia« (»steiniger Ort«), ein reinsortiger, im Barrique ausgebauter Cabernet – aus der Toskana! Benannt nach dem mit Kieselsteinen (sassi) durchsetzten Boden.

Zur gleichen Zeit in etwa ging ein weiterer Marchese, der blutjunge Piero Antinori, mit der Önologen-Legende Giacomo Tachis in den Keller, um zu experimentieren. Nach einigen Probeläufen stand am Ende ein Sangiovese, den man mit 15 Prozent Cabernet Sauvignon auf ein Superniveau aufgespritzt hatte. Der nach der Einzellage »Tignanello« benannte Rote wurde ebenfalls begeistert gefeiert. Vor allem von den Amis. Die auch schnell einen griffigen Namen für die neue Generation Wein im Chianti fanden: Supertuscans.

Sassicaia ebenso wie Tignanello wurden zunächst von den alteingesessenen Chianti-Weinbauern nur belächelt: Chianti-Klempner waren das doch, keine Ahnung hatten die, Cabernet im Chianti, wo gibt's denn so was. Und dann auch noch dieses neumodische Zeugs, diese Barriques. Das Lächeln verging ihnen freilich, als nur zehn Jahre später der Sassicaia bei einer von Hugh Johnson initiierten Weinprobe als bester Cabernet Sauvignon überhaupt beurteilt wurde – besser als alle Franzosen. Alsbald schossen die Preise für die Supertoskaner durch die Decke – und weitere erstklassige Supertoskaner-Weingüter wie Pilze aus dem Boden. Gespielt wurde mit Merlot, Cabernet, Syrah – und Sangiovese – reinsortig oder in unterschiedlichsten Mischungen.

Und die über den ganzen Erdball verstreute Fangemeinde wuchs. In Toronto soll es gar einen

Fan-Club gegeben haben, der vor dem einzigen Geschäft der Stadt, das Sassicaia als Primeur verkaufte, mitten im bittersten Winter stundenlang Schlange stand. Motto der Verwegenen: »I froze my ass to get my sass.«

Was die ersten Supertoskaner allerdings damals mit ihren französischen Trauben in keinem Fall durften, war, ihre Etiketten mit dem Chianti DOC als geschützten Herkunfts- und Qualitätsnachweis zu schmücken. Die DOC sah zwar für die Herstellung von Chianti neben Sangiovese und einigen anderen Rotweinsorten auch den Einsatz von weißen Traubensorten vor, nicht aber von roten Franzosen. Also mussten sie sich mit der untersten Kategorie begnügen. Die besten und teuersten toskanischen Weine kamen als Vino da Tavola – als Tafelwein – auf den Markt.

Das allerdings hat sich seit 1984 und in den 90ern mit der Einführung neuer Bestimmungen geändert. Der Anteil weißer Trauben war keine Pflicht mehr, sondern entweder eine Option (DOC) oder er wurde aus dem Chianti sogar verbannt (DOCG). Rebsorten mit Migrationshintergrund hingegen öffnete man die Kellertüren: Syrah, Merlot und Cabernet dürfen mit 15 bis 20 Prozent zur klassischen Chianti-Rebe Sangiovese zugemischt werden. Wer sich als Supertoskaner daran hält, darf sich dann ein DOC- oder DOCG-Siegel aufs Fläschchen pappen. Alle anderen Supertoskaner dürfen wenigstens ein IGT-Label für Weine mit geographischer Typizität verwenden.

Und Sassicaia hat als einziges Weingut ganz Italiens seit 1994 eine eigene DOC für sich ganz alleine. So viel zum Sinn und Unsinn nationaler Weinbestimmungen!

Süßweine

Süße Weine sind gezuckert

Es gibt süße Weine – und es gibt Süßweine. Wenngleich sich die einen von den anderen unterscheiden wie Tafelwein im Plastikschlauch von einem Grand Cru, sind weder die einen noch die anderen – entgegen einem hartnäckigen Vorurteil – gezuckert.

Zunächst zur Königsklasse des alkoholischen Naschwerks, den Süßweinen. Deren beste Vertreter sind die Sauternes aus dem Bordeaux, die Tokajer aus Ungarn oder auch die deutschen Trockenbeerenauslesen. Was diese Weine so süß macht, ist die sogenannte Restsüße. Der natürliche Zuckergehalt der gelesenen Trauben (ggf. durch Edelfäule, s. S. 56) ist so hoch, dass die Hefen es einfach nicht schaffen, allen Zucker in Alkohol umzubauen. Also verbleibt ein Teil des Zuckers im Wein, eben jene Restsüße. Und die kann schon einmal in einer Konzentration von 250 g pro Liter (auch mehr) ins Gewicht fallen. Diese Weine sind das Ergebnis einer extrem aufwändigen Arbeit in Weinberg und -keller, sie sind extrem lagerfähig und deswegen sind sie auch extrem teuer.

Einfache süße Weine hingegen, die man euphemistisch auch gerne mit »lieblich« umschreibt, werden hingegen mit einem kellertechnischen Trick erzielt. Um einen Teil des in den Trauben vorhandenen Zuckers zu erhalten, kühlt man den gärenden Traubenmost herunter und stoppt so den Umbau des Zuckers in Alkohol. Anschließend entzieht man dem Most mit Filtern die noch aktiven Hefen, um ein Wiederaufflammen der Vergärung zu verhindern. So kann man quasi künstlich einen restsüßen Wein herstellen. Diese Weine sind aber qualitativ nicht annähernd so hochwertig wie die oben genannten Süßweine.

Eine weitere Möglichkeit besteht in der Zugabe von sogenannter Süßreserve. Dem Traubenmost wird vor Eintreten der Gärung, also dem Umbau von Zucker in Alkohol, eine Teilmenge entnommen, die man nach der Vergärung dem Wein als süße Morgengabe mit auf den Weg in die Verbraucherregale gibt. Das ist erlaubt. In Deutschland – im Gegensatz zu Österreich – sogar für Prädikatsweine. Was aber kaum ausgenutzt wird.

Nicht erlaubt ist es hingegen, in den fertigen Wein einfach säckeweise Zucker zu kippen. Das wäre eine süße Sünde. Eine strafbare vor allem. Und zwar EU-weit. Und mit der berüchtigten Chaptalisation (s. S. 187), also dem erlaubten Zuckern des Mostes zur Erhöhung des Alkoholgehaltes, hat das alles zudem nichts zu tun.

Wein machen kann eine ziemlich klebrige Angelegenheit sein.

Sylt
Landwein aus der Nordsee

Lange Zeit galten die Hänge des Weinguts Sülz, südlich von Bonn im Siebengebirge gelegen, als die nördlichste Bastion des deutschen Weinbaus. Mit relativ trockenen Ergebnissen in der Flasche.

In Köln versuchte der damalige Regierungspräsident Franz Josef Antwerpes die Grenze ein klein wenig nach Norden zu verschieben, als er 1981 vor dem Regierungspräsidium Rebstöcke setzte, deren Trauben bis 2010 geerntet und zu Wein verarbeitet wurden. Selbst die ungenießbarsten Jahrgänge wurden für gute Zwecke zu horrenden Preisen verkauft – ein Gag des zur Selbstinszenierung neigenden kölschen, aber bundesweit bekannten Polit-Profis.

Nach der Wende rückte die Grenze des deutschen Weinanbaus noch ein Stück weiter nach Norden. In begrenztem Umfang, aber mit viel Engagement nahm man den Weinbau südwestlich von Halle und Leipzig im Weingebiet Saale-Unstrut wieder auf. Hier hatte man schon vor über 1000 Jahren Weinreben gepflanzt. Die knackigen Ergebnisse sind mit »zeichnet sich durch frische Säure aus« treffend umschrieben. Saale-Unstrut liegt allerdings auch auf dem 51. Breitengrad. Und der gilt gemeinhin als die nördlichste Grenze des Qualitätsweinbaus.

Doch diese Grenzen sind allesamt obsolet: Der nördlichste Wein-»Berg« Deutschlands steht seit 2009 auf Sylt, genauer: in Keitum, zehn Meter über dem Wasserspiegel, 55° Nord. Gepflanzt hat der Rheingau-Winzer Christian Ress die 1600 Solaris- und Rivaner-Reben. Ress ist bekannt für seinen Hang zu originellen Ideen, der versenkt auch gerne mal Weine im See – der besseren Lagerbedingungen wegen (s. S. 98). Mit im Boot ist noch der Weinhändler Martin Schachner.

Möglich wurde die 3000 Quadratmeter große Anbaufläche lediglich, weil das Land Rheinland-Pfalz Rebfläche an die Holsteiner abtrat. Das ging nicht anders: Das strenge Weingesetz von 1971 schränkt die Kontingente der Anbaurechte auf limitierte Zonen ein. Wer in Holstein Fläche für Wein anmelden will, muss sie sich woanders holen. Wozu man in Rheinland-Pfalz im Rahmen eines Projektes, mit dem man die Chancen des Klimawandels checken will, bereit war.

Sonne haben sie im Jahresmittel auf Sylt in der Tat genug. Mit 1,7 Stunden liegen sie sogar über den 1,6 Stunden im Rheingau. Leider heißt Sonne nicht unbedingt immer auch Wärme. Mit 8,3 Grad liegt die Sylter Durchschnittstemperatur 1,5 Grad unter der des Rheingaus. Und das ist weintechnisch gesehen eine Menge Holz, das bedeutet einen Vegetationsrückstand von gut zwei Wochen.

Gut, eine satte Spätlese mit entsprechenden Öchsle-Werten wird man auf dem Weingut Ress mit den auf Sylt geernteten Trauben kaum erzielen. Das geht bei den klimatischen Verhältnissen nicht. Das geht auch kaum mit Solaris, einer zwar früh reifenden, aber eher charakterlosen Neuzüchtung.

Das strebt man aber auch gar nicht an. »55° Nord – Solaris/Rivaner« wird man auch so los. Weil Sylt-Fans alles kaufen, wo Sylt draufsteht. Die kaufen auch eine Reben-Patenschaft für bis zu 500 Euro. Da hängen dann Plastikschildchen mit dem Namen des Paten am Solaris-Stock. Und die werden »55° Nord – Solaris/Rivaner« auch kaufen, wenn er 30 Euro kostet und so sauer ist wie die Zitrone, die man sich in die Sylter Austern träufelt. So ist das auf Sylt.

Tannine

Im Weißwein gibt es keine Tannine

Im Prinzip nein. Denn Tannine (Gerbstoffe) kommen in den Traubenkernen, in der Schale und den Stielen (Kämmen) vor. Von den Weißweintrauben wird in der

Regel jedoch allein der ablaufende Most vergoren. Weder Schalen noch Stiele noch Kerne sind an der Gärung (Umbau von Zucker durch Hefe zu Alkohol) beteiligt. Folglich können auch kaum Tannine ausgelöst werden, weshalb der Tanningehalt in Weißweinen selten höher als 0,3 g/l liegt.

Weißweine leben in erster Linie von den im saftreichen Fleisch (Mark) der Trauben vorhandenen Säuren, den Fruchtaromen und dem Zuckergehalt. Das ist quasi die »Kernkompetenz« der Weißweintrauben. Tannine wären hier eher Störfaktoren, sind mithin in Weißweinen eher unerwünscht.

Ganz anders beim Rotwein. Rotweintrauben bieten nicht nur im Mark einen höheren Anteil an Geschmacksstoffen. Rotweintrauben kommen vor allem deshalb mitsamt der Haut und der Kerne »auf die Maische«, weil auch in der roten Beerenhaut besonders feine Geschmacksstoffe und vor allem Farbpigmente stecken. Die aus den Kernen und der Haut darüber hinaus gelösten Tannine geben dem Rotwein Struktur und Komplexität. Tannine vermögen aber vor allem auch Sauerstoff zu binden, also eine Oxidation zu verhindern, weshalb Rotweine mit hohem Tanningehalt (bis zu 2,5 g/l) relativ lange gelagert werden können. Tannine sind beim Rotwein also in der Regel eher erwünscht.

Wie hoch der Tanningehalt in Rotweinen ist, hängt vom Tanningehalt der Trauben, dem Mischungsverhältnis der Trauben und der Länge der Maischegärung ab. Zu den tanninreichen Sorten zählen Cabernet Sauvignon, Malbec, Sangiovese, Syrah, Tannat und noch einige mehr. Zu den tanninarmen zählen zum Beispiel Pinot Noir, Carmenère, Merlot und Cinsault. Manche Winzer vergären tanninarme Rebsorten, wie zum Beispiel Pinot Noir, entweder ganz oder in Teilen mit den tanninhaltigen Stielen (zum Beispiel im Burgund), um so den Gerbstoffgehalt zu erhöhen.

Doch das ist eher die Ausnahme, wie überhaupt der Tanningehalt das Jonglieren auf einem schmalen Grat darstellt, denn Tannine sind zwar geruchlos, dafür aber adstringierend, d. h. sie wirken zusammenziehend und hinterlassen ein pelziges Gefühl im Mund. Ein Zuviel an Gerbstoffen, vor allem derjenigen aus den Stielen, kann dazu führen, dass die Weine selbst nach einer hinlänglichen Zeit der Reifung und Lagerung (s. S. 94) noch hart und unreif daherkommen.

Eine weitere Quelle für Tannine vor allem im Rotwein ist das Holz der Fässer, wenn die betreffenden Weine im Holz ausgebaut werden, was aber nur wenigen zuteil wird (s. S. 72). Gemeint sind auch weniger die großen, ausgelaugten Fässer, sondern eher die aus frischem Eichenholz gefertigten Barriques (s. S. 23).

Und in diese Barriques kommen hin und wieder tatsächlich auch Weißweine, die auf diesem Weg die sogenannten holzbürtigen Tannine aufnehmen. Besonders edle und zum Teil lagerfähige weiße Tröpfchen erzielt man auf diese Weise mit der Chardonnay-Traube in der neuen Welt, aber auch in Frankreich (Burgund). Und auch so mancher weiße Bordeaux, oftmals ein Verschnitt aus Sauvignon Blanc und Sèmillon, kommt ebenfalls ins Barrique.

Am Ende können dabei großartige, tanninhaltige Weißweine entstehen. Aber sie stellen, was ihren Gerbstoffgehalt angeht, die berühmte Ausnahme der Weißweinregel dar.

Temperatur

Rotwein muss Zimmertemperatur aufweisen

Es gibt Bastionen, gegen die anzurennen einen Akt restloser Vergeblichkeit darstellt. Dass Rotwein möglichst warm getrunken werden sollte und angeblich erst bei »Zimmertemperatur« (22 Grad oder auch mehr) sein wahres Aroma entfaltet, ist eine solche Bastion. All die unzähligen Hinweise in Weinführern und -schulen, dass der Mythos »Zimmertemperatur« auf Zeiten zurückgeht, als man noch keine Zentralheizung kannte und die Temperatur der Schlossräume oder Bürgerstuben bei ca. 16 Grad lag, all die unzähligen Ratschläge zur Trinktemperatur in den Lifestyle-Artikeln der Samstagsbeilagen, sie alle zerschellen am Mythos »Zimmertemperatur« der Warmtrinker.

Wer eine solche Bastion schleifen möchte, wer sich also berufen fühlt, den Warmtrinker um höherer Genüsse willen von kühleren Rotweintemperaturen zu überzeugen, muss sich auf eine völlig humorlose Auseinandersetzung einrichten. Das Einzige, was vielleicht zu überzeugen vermag, ist der direkte Vergleich:

Kaufen Sie drei Flaschen vom gleichen Rotwein. Was Schweres, Körperreiches. Einen soliden Bordeaux zum Beispiel. Eine Flasche lassen Sie ungekühlt Zimmertemperatur (22 Grad oder auch kaminwarm) annehmen, eine kühlen Sie im Kühlschrank oder mit einer Manschette auf 16, höchstens 18 Grad herunter, eine auf 10 Grad. Anschließend Verköstigung mit dem Warmtrinker.

Das Ergebnis wird sein: drei komplett unterschiedliche Weine! Der kalte wird vornehmlich sauer und adstringierend (pelziges Mundgefühl) daherkommen, weil bei niedrigen Temperaturen Säure und Tannine (s. S. 162) in den Vordergrund treten und Aromen kaum eine Chance haben, sich zu verflüchtigen – und deshalb auch nicht wahrgenommen werden können. Der zimmer- oder gar kaminwarme Rote hingegen wird dumpf, einsilbig und vor allem sehr alkoholisch auftreten, weil bei derart hohen Temperaturen der Alkohol geradezu verdampft und jedes Aroma unter seiner Fahne begräbt. Der 16–18 Grad warme Wein aber wird alles, was er zu bieten hat, in einem ausgewogenen Verhältnis auf der Zunge und in der Nase präsentieren – und damit zu einem wahren Trinkvergnügen.

Um die richtige Temperatur im Kühlschrank treffsicher einzupegeln, bietet sich im Übrigen ein Manschettenthermometer an, das man um den Flaschenbauch schnallt und für relativ kleines Geld erhält. Hat den Vorteil, dass man die Flasche nicht wie bei den klassischen Thermometern öffnen muss, um die Temperatur direkt im Wein zu ermitteln.

Mit einem solchen Thermometer lassen sich die folgenden Trinkregeln völlig unkompliziert beherzigen: Leichte, tanninarme Rote (zum Beispiel Merlots oder manche deutsche Spätburgunder) sollten bei 10–12 Grad getrunken werden, will man ihre Frische und Säure erhalten. Mittelschwere Rote (zum Beispiel einfache Burgunder, Beaujolais Primeur) vertragen 12–14 Grad, körperreiche, tanninhaltige Weine (zum Beispiel aus dem Bordeaux oder Languedoc) entfalten ihre Aromen bei 14–17 Grad. Und nur sehr reife, alte und schwere Geschütze (zum Beispiel Châteauneuf-du-Pape, Médoc, Pomerol oder Graves) benötigen eine Temperatur um die 18 oder 19 Grad, um ihnen ihren bunten Aromenstrauß zu entlocken. Mehr als 19 Grad geht aber nicht. Viele Erzeuger schreiben notabene die optimale Trinktemperatur aufs Etikett – das sollte man beherzigen, die machen das nicht umsonst.

Und wenn im Restaurant, was einem auch in der gehobenen Gastronomie widerfahren kann, die roten

Röhren im (weintechnisch) überheizten Gastraum aus dem Regal gezogen werden, sollte man nach einem Eiskübel verlangen und die Flasche Rotwein am Tisch herunterkühlen – egal wie belämmert die Kellnerschaft einen auch anschaut.

Das alles wird den gläubigen, den fanatischen Warmtrinker aber nicht wirklich beeindrucken. Auch die Warmtrinkerin nicht. Sie werden es weiterhin gerne zimmerwarm haben wollen – also dumpf, einsilbig und vor allem alkoholisch. Ja bitte, dann sollen sie ihren Roten weiterhin so trinken. Jeder so, wie er will. Man kann sich ja auch einen Porsche kaufen und nur im ersten Gang durch die Republik röhren. Wer will es verbieten?

Terroir

Das Terroir macht einen Wein unverwechselbar

Terroir! Das ist seit geraumer Zeit die Zauberformel in der Weinbranche. Hört und liest man immer wieder von. »Dieser Wein verdankt seine Einzigartigkeit dem unverwechselbaren Terroir!« Das ringt Ehrfurcht ab! Terroir hat der Tropfen also! Kaufen!

Aber was bitte schön ist eigentlich Terroir? Die Bodenbeschaffenheit? Zum Beispiel der Devonschiefer an der Mittelmosel. Und heißt das dann, dass alle Rieslinge, die auf Schiefer gewachsen sind, egal wo auf der Welt, gleich oder ähnlich oder doch zumindest vergleichbar schmecken? Nein, heißt es nicht. Und tun sie auch nicht. Schon an der Mittelmosel nicht.

Terroir ist also mehr als Boden. Aber was, um Himmels willen? Am besten die Franzosen fragen. Die müssen es wissen: Die haben den Begriff ins Leben gerufen, schon vor knapp 100 Jahren. Die sagen: Terroir ist die Summe aus allem – Kleinklima, Topographie, Niederschlagsverteilung, Wasserrückhaltevermögen, Tag- und Nachttemperaturen, Sonnenscheinstunden, Boden – all das ist »Terroir«, all das ist entscheidend.

Doch entscheidend wofür? Für die Authentizität, die unverwechselbare Herkunft eines Weines? Dagegen spricht die Tatsache, dass in der schönen neuen Weinwelt in Übersee mit typischen französischen Weinsorten schon Weine erzeugt wurden, die bei Blindverköstigungen bisweilen nicht nur besser abschnitten als die französischen, sondern diesen auch noch zum Verwechseln ähnlich waren. Und das, obwohl die Böden, in denen die Reben zum Beispiel in Kalifornien gedeihen, gänzlich anders beschaffen sind als die in Frankreich – und die klimatischen Verhältnisse auch. In Übersee hat man – wider die reine (französische) Lehre – mit künstlichen Bewässerungs- und Klimasystemen einfach nachgeholfen und »Frankreich gespielt«.

Wenn also nicht für Authentizität, dann steht Terroir für ein gewisses Qualitätsniveau? Dagegen spricht, dass die Beurteilung der Qualität in Verköstigungen weit abhängiger zum Beispiel vom betreffenden Jahrgang ist. Dagegen spricht zudem, dass bei Verköstigungen von Weinen aus ein und demselben (französischen) Anbaugebiet aus ein und demselben Jahrgang die von Château zu Château unterschiedlich eingesetzte Kellertechnik als viel entscheidender und viel wahrnehmbarer empfunden wird als alle definierten Terroir-Eigenschaften.

Ach ja, rufen da noch einige Franzosen hinterher, natürlich: Das tradierte Wissen der Winzer, die Kellertechnik, auch das ist ganz entscheidend, auch das gehört natürlich zum Terroir-Begriff mit dazu!

Das wiederum sehen einige Terroiristen ganz anders. Die lehnen eine persönliche Handschrift des Winzers gänzlich ab. Allein die Natur soll zu Wort kommen, bzw. ins Glas. Also soll auch nur eine Spontanvergärung vorgenommen werden, d. h. allein die für den betreffenden Weinberg typischen und dort vorkommenden Hefen sollen die Gärung in Gang setzen. Nur ja keine künstlichen Zuchthefen! Das würde den typischen Terroir-Geschmack, den Lagencharakter zerstören.

Das wiederum kann die Wissenschaft nicht wirklich bestätigen. Spontanvergorene Weine werden selbst von geübten Zungen im Versuchsaufbau nicht zuverlässig als solche identifiziert – und leider auch nicht immer positiv bewertet, manchmal ja, manchmal einfach nur anders, manchmal auch schlechter. Ein schmaler Grat, auf dem diese Terroir-Gläubigen wandeln.

Und was macht nun der Laie, der einfache Weinliebhaber mit all diesem Gerede ums Terroir? Er sollte sich nicht drum scheren. Dass der Wein von der Mittelmosel kommt, steht ja drauf. Und wenn er die stahlklare Säure und den mineralischen Nachhall verspürt, kann er ja trocken zu Protokoll geben: »Typischer Moselriesling. Devon-Schiefer! Grandios!« Das ringt Ehrfurcht ab. Und das reicht! (siehe auch »Boden«, S. 29)

Tour de France

Wenn Radprofis Wein trinken

Tour de France, das sind 3800 Kilometer quer durch die französische Walachei. Bergauf – also wirklich bergauf – und bergab. Mit dem Rad. Am Verstand derer, die so was machen, darf man zweifeln. Das tun die, die so was machen, selbst. Weil: Tour de France heißt leiden. Und schwitzen, unmenschlich viel schwitzen. Dagegen hilft nur trinken, und zwar Unmengen, zehn bis zwölf Liter Flüssigkeit. Wasser und Isotonisches.

Tour de France heißt aber auch fressen wie ein Nilpferd. 8000 bis 12 000 Kalorien rauschen da pro Etappe durch die Oberschenkel. Wer das überstehen will, braucht heftig was für die Kauleisten. Neben jeder Menge Beiwerk schaufelt man säckeweise Nudeln ins Pedaleurengedärm. Wegen der Ausdauer. Und seit geraumer Zeit verabreicht man wohl auch ein paar Dosen Epo oder andere Helferchen. Auch wegen der Ausdauer. Alles präzise aufeinander abgestimmt und verabreicht von Ernährungsspezialisten und Ärzteteams.

Früher wusste man nichts von Ernährungsspezialisten und Ärzteteams. Da hatte man einfach Hunger. Und Durst. Und dagegen hat man gegessen und getrunken. Aber nicht, was Ärzte- und Versorgungsteams vor, während und nach den Etappen bereitstellten. Sondern was die Gastronomie am Rande der Tour so zu bieten hatte. Und die bot weder Ernährungsphysiologisches noch Isotonisches. Die bot Wurst und Wein gegen Hunger und Durst.

Einen über denselbigen trank im Jahre 1950 der Algerier Abdelkader Zaaf auf der Hitze-Etappe von Perpignan nach Nîmes. Mit einem furiosen Ausreißer-Ritt hatte er sich einen Vorsprung von 10 Minuten gegenüber dem Feld herausgefahren. Das war viel. Doch dann kam der Durst. 19 Kilometer vor dem Ziel. Also hielt Abdelkader an einem Straßencafé an und trank. Zwei Flaschen gekühlten

Weißwein. Dann legte er sich unter einen Baum in den Schatten. Nickerchen machen.

Als er wach wurde, war der Vorsprung hin, das Feld an ihm vorbeigefahren. Also sprang er aufs Rad und stürmte erneut los. Leider in die falsche, weil entgegengesetzte Richtung. Der Dank für seine couragierte Lachnummer waren die Disqualifikation, einige Berühmtheit und jede Menge lukrative Auftritte im Anschluss an die »Rundfahrt der Leiden«.

Merke: Wein ist nicht nur ein Genussmittel, bisweilen ist Wein sogar durstlöschend. Wein ist aber nicht immer zielführend.

Traubenfarbe

*Aus Rotweintrauben kann man
keinen Weißwein herstellen*

Falsch! Ganz falsch sogar: Die gesamte Champagnerindustrie zum Beispiel würde ohne dunkle Trauben komplett vor die Wand fahren. Zwei der traditionell zur Champagnerproduktion verwendeten Trauben sind Pinot Noir und Pinot Meunier – beides rote Beeren. Und dennoch ist die traditionelle Farbe von Champagner weiß. Wie kommt's?

Die Erklärung ist relativ simpel: Die Farbstoffe, die einen Wein rot färben, stecken in der Traubenschale. Für die Produktion von Weißweinen aber presst man lediglich den (zunächst) graugrünen Saft der Trauben ab und lässt alleine den so gewonnenen Most vergären. Die Schalen müssen draußen bleiben. Und mit ihnen die Farbstoffe. So kann man aus roten Trauben auch wei-

ßen Wein keltern. Wie man es zum Beispiel mit den roten Traubensorten Gewürztraminer und Grauburgunder auch tut.

Ganz so simpel ist es dann aber doch nicht. Erstens
sind die roten Trauben, aus denen man roten Wein
macht, gar nicht rot, sondern blau. Dieses Blau verwandelt sich erst über den Kontakt mit Sauerstoff während
der Gärung in ein (Kirsch-)Rot.

Und zweitens könnte man aus den beiden klassischen roten (in diesem Fall wirklich roten und nicht
blauen) Weinsorten, nämlich Gewürztraminer und
Grauburgunder, aus denen man traditionellerweise
Weißwein keltert, keinen Rotwein herstellen. Heraus
käme nämlich lediglich so etwas wie ein Rosé. Rosé
dürfte man diesen Wein aber nicht nennen, weil Rosé
aus (blauen) Rotweintrauben hergestellt werden muss –
so sagt es das Gesetz.

Alles etwas verwirrend, dieses Durcheinander mit Rot
und Blau und Weiß. Unter dem Strich bleibt allein die
einfache Wahrheit, dass man aus weißen Weißweintrauben keinen Rotwein keltern kann. Das ist mal sicher!

Verschnitt

Verschnittene Weine sind minderwertig

Es ist ein bisschen deutsch, dieser romantische Glaube
an den »reinen«, den »ehrlichen« Wein, der nur, garantiert nur aus *einer* Traubensorte gekeltert wird. Es mag
daran liegen, dass gegen Ende des 19. Jahrhunderts,
nach dem verheerenden Kahlschlag der Reblaus, die
deutschen Weinberge neu und diesmal reinsortig be-
pflanzt wurden. Das war einfacher zu pflegen und zu

kontrollieren. Das Ende vom Lied waren mehrheitlich reinsortige Weine.

Das aber war bis dahin gar nicht üblich gewesen. Bis dahin kannte man in Deutschland (wie auch anderswo) durchaus den »gemischten Satz«: Mehrere Rebsorten standen bereits gemischt im Weinberg verteilt, wurden gemeinsam gelesen und gekeltert. Einige Weingüter in Deutschland (wie auch anderswo) kehren langsam wieder zurück zu dieser Tradition, auch zum Verschnitt verschiedener, getrennt ausgebauter Weine – mit zum Teil hervorragenden Ergebnissen. Doch da gilt es nach wie vor Ressentiments der Kundschaft zu überwinden.

Die ist in Deutschland nämlich daran gewöhnt, dass die eine, die »reine« Rebsorte auf dem Etikett steht. Und da beginnt bereits der erste Irrtum: Reinsortig heißt eben nicht »nur eine Sorte«. Reinsortig erlaubt eine Zumischung von bis zu 15 Prozent einer weiteren Traubensorte. Und die kann sogar aus einem anderen Jahrgang, ja, sogar aus einem anderen Weinberg stammen. Und das nahezu weltweit. So viel zur beliebten Reinsortigkeit.

Der andere Irrtum besteht in dem Glauben, dass das Zusammenfügen unterschiedlicher Weine zu einer neuen Kreation minderwertige Panscherei sei. Ein Blick über den Zaun in Nachbars Weingarten reicht: In Frankreich gehört das gelungene Verschneiden von unterschiedlichen Rebsorten, Chargen, Lagen und Jahrgängen zu einer neuen harmonischen Kombination zu den größten Leistungen, die man einem Kellermeister attestieren kann.

Natürlich wird auch in Frankreich hin und wieder reinsortig produziert. Aus regionaler Tradition oder Moden folgend, wie sie seit den 60ern des vergangenen Jahrhunderts aus Übersee mit den reinsortigen Chardonnays oder Cabernets ins alte Weineuropa hinüberrollten. Und nicht alle Traubensorten eignen sich zum Verschnitt, wie zum Beispiel der im Burgund, aber auch in Deutschland beliebte Spätburgunder (Pinot Noir). Doch die sogenannte Cuvée, die gelungene Vermählung unterschiedlicher Trauben- und Weincharaktere zu einer in sich stimmigen Komposition, ist in Frankreich (wie auch anderswo) gang und gäbe. Nein, sie ist mehr: eine heilige Weintradition, der man mit Ehrfurcht begegnet.

So werden Champagner (ohne Jahrgangsangabe), die aus Chardonnay, Pinot Noir und Pinot Meunier erzeugt werden, aus bis zu 40 verschiedenen Grundweinen dieser Traubensorten gewonnen, wobei auch verschiedene Jahrgänge und Reblagen zum Zug kommen. Die große Kunst besteht eben darin, dem jeweiligen Stil des Hauses folgend, mit den Grundweinen das beste Zusammenspiel in die Flasche zu zaubern.

Im Bordeaux zählt das Verschneiden ebenso zum vinophilen Alltag. Reinsortig vorzugehen käme hier kaum einem Kellermeister in den Sinn. Lediglich solche »Exoten« wie der sündhaft teure Kultwein von Château Pétrus besteht »reinsortig« aus Merlot. Meistens und angeblich jedenfalls. Manchmal gibt man, je nach Ernte, auch 5 Prozent (oder mehr) Cabernet Franc hinzu. Ansonsten gilt, aus den fünf zugelassenen Rebsorten und den einzeln ausgebauten Grundweinen jedes Jahr das Höchstmaß an Komplexität, Harmonie und Lagerfähigkeit herauszuholen. Das ist die Herausforderung. Und so könnte man weltweit noch viele weitere Weinregionen mit ähnlichen Traditionen aufführen.

Doch natürlich gibt es auch Panscherei, natürlich strecken Winzer hin und wieder Hochwertiges mit Minderwertigem. Doch Schuld ist nicht das System. Schuld sind immer die Menschen, die im System falsch agieren.

Weinhandel

Als Laie sollte man seinen Wein besser im Supermarkt kaufen

Wein ist ein Genussmittel. Darüber sollte zunächst Einvernehmen bestehen, bevor man über Einkaufsquellen diskutiert. Mit dem Genuss ist es allerdings so eine Sache. Genuss ist nämlich eine höchst individuelle Angelegenheit. Startet der eine mit einem fetten Chilenen zu Höhenflügen durch, feiert der andere sein Hochamt mit einem filigranen Spätburgunder.

Genuss kann zudem auf den unterschiedlichsten Niveaus stattfinden. Ein kühler fröhlicher Weißburgunder aus dem Regal fürs Alltagsglück, getrunken in untergehender Sonne, kann ebenso wie ein schwerer Bordeaux aus der preislichen Premiumklasse euphorisch stimmen. Wein begeistert je nach Gusto, Gelegenheit – und Girokonto.

Wein ist also Vielfalt. In jeder Hinsicht. Vielfalt ist spannend. Vielfalt ist aber auch verwirrend. Vor allem für Laien. Vor einem Weinregal stellen sich Fragen. Tausende Fragen. Und da sind wir beim Punkt: Stellen Sie sich mal vor das Weinregal in einem Discounter oder Supermarkt und fragen Sie. Was Sie in keinem Fall erwarten dürfen, sind Antworten. Dumme Gesichter, ja. Aber keine Antworten. Woher sollen die auch kommen? Bis auf wenige Ausnahmen arbeiten in solchen Verkaufsstellen Menschen, deren vornehmste Aufgabe darin besteht, Kartons zu leeren und Regale zu befüllen. Das ist nicht ehrenrührig. Hilft aber auch nicht weiter.

Wer also Fragen hat, sollte sie an jemanden richten, der Antworten geben kann. Und das ist und bleibt der Weinhändler. Oder die Weinhändlerin. Woran erkennt man einen guten Weinhändler? Zunächst: Er wird Sie da abholen, wo Sie sind. Selbst wenn Sie nur mit Mühe zwischen Rot- und Weißwein unterscheiden können, wird er Sie deswegen nicht belächeln. Er wird stattdessen Fragen stellen, um herauszubekommen, was Sie wollen. Wenn Sie wissen, was Sie wollen. Wenn nicht, wird er Ihnen Vorschläge machen, was Sie wollen könnten. Und wenn Sie Fragen haben, wird er zuhören. Und er wird geduldig und nachvollziehbar Antworten geben.

Ein guter Weinhändler sollte ein ausreichend großes aber noch überschaubares und preislich gestaffeltes Angebot in den Regalen präsentieren. Er sollte die Weine kennen und beschreiben können, sollte dementsprechend auch zur Lagerfähigkeit und zur Trinkreife Auskunft erteilen können. Weil theoretische Erörterungen aber das eine, der Wein auf der Zunge aber das andere ist, sollte er Sie im Zweifel auch probieren lassen.

Im besten Fall wird Ihr Weinhändler mit Ihnen auf eine langjährige Reise gehen, vom Einsteigerwein bis zur Herausforderung für Fortgeschrittene. Am Ende wird er Ihre individuellen Vorlieben, und – viel wichtiger – Ihre tiefgründigen Abneigungen kennen. Er wird Sie neugierig machen auf neue Weine und Weinregionen oder -länder, die Sie bis dahin nicht kannten. Und last but not least wird er Ihnen verlässlich passende Weine zu allem empfehlen, was Sie aus dem Kochtopf zaubern.

Das alles dürfen Sie von einem guten Weinhändler erwarten. Was Sie nicht erwarten dürfen, ist billige Belanglosigkeit. Denn was im Discounter-Paradies Deutschland nach wie vor ungläubiges Staunen hervorruft: Gut und billig geht einfach nicht! Merke: Weine unter 5 Euro können keinen nennenswerten Genuss bieten, geschweige denn ein Erlebnis.

Weine unter 5 Euro entfalten bestenfalls Wirkung. Solche Gewächse bekommt man im Discounter und im

Supermarkt. Hier stehen sie, die roten und weißen Trägersubstanzen, zum Durchschnittspreis von 1,70 bzw. 2,20 Euro.

Das ist billig, fürwahr. Das hat aber mit einem Genussmittel nicht mehr viel zu tun (s. S. 47). Wein ist aber ein Genussmittel. Darüber hatten wir eingangs Einvernehmen erzielt.

Weinkeller

Die Lagerstätte für Wein sollte höchstens 8–12 Grad kalt sein und mindestens 80 Prozent Luftfeuchtigkeit aufweisen

So in etwa lauten die meisten Ratschläge in der gängigen Weinliteratur. Und damit hätte sich die Frage nach einer praktikablen Weinlagerung fürs gewöhnliche Weinvolk wohl erledigt. Denn im Neubaukeller oder in der Besenkammer herrschen in den seltensten Fällen derlei Bedingungen vor. Die trifft man vor allem in tief ins Erdreich gebuddelten Kellergewölben an - unterm lauschigen Schlösschen.

Was da durch die Fachliteratur an Ratschlägen mäandert, orientiert sich in der Tat am Optimum, an den altehrwürdigen Kellern großer Châteaus oder an den professionellen Lagerstätten, die, hochgerüstet mit allerlei technischen Vorrichtungen, solche Bedingungen simulieren. Doch Wein lässt sich auch unter zivilen Verhältnissen durchaus lagern, ohne dass man sich vor dem Ergebnis fürchten müsste.

Allerdings gilt es auch jenseits des Optimums einige wenige Regeln zu beachten, wenn's was werden soll mit dem in Ehren gealterten Wein im eigenen Keller. Zunächst zur Temperatur: Erfahrungsgemäß ist es für die Lagerung des Weines weniger wichtig, ob er bei 8, 10 oder 17 Grad gelagert wird. Beachten sollte man lediglich, dass die Reifung, also der komplexe chemische Umbauprozess in der Flasche, umso schneller abläuft und die Lagerzeit sich dementsprechend verkürzt, je höher die Temperatur ist. Solange man das Weinregal nicht neben der Zentralheizung aufstellt, sind aber auch höhere Temperaturen als die legendären 12 Grad kein Problem.

Ein viel größeres K.-o.-Kriterium sind große Tag-Nacht-Schwankungen bzw. große Temperaturschwankungen übers Jahr. Im Winter 5 und im Sommer 25 Grad lassen keinen Wein zur Ruhe kommen und setzen vor allem dem Naturkorken zu. Der zieht sich im Winter zusammen und dehnt sich im Sommer aus. Irgendwann geht die Elastizität zum Teufel, d. h. der Korken wird undicht, Sauerstoff dringt in die Flasche – der Wein kippt. Je höher die Schwankungen, desto tiefer werden die Schneisen der Vernichtung in Ihrem Weinregal sein.

Um den Korken nicht austrocknen zu lassen, sollte auch die Luftfeuchtigkeit nach Möglichkeit irgendwo zwischen 60 (normales Wohnklima) und 80 Prozent liegen. Gibt der Lagerraum das alles nicht her, bieten sich (bezahlbare) Luftbefeuchter und Klimageräte an. Aber bitte nicht wundern: Bei einer optimalen Luftfeuchtigkeit können sich Etiketten schon mal lösen, vergilben oder auch schimmeln – sieht nicht gut aus, macht aber nix.

Und soll der Wein in ein paar Jahren nicht nach Hochglanzlack riechen und schmecken, verbieten sich müffelnde Nachbarn wie Lack-, Farb- oder Lösungsmittelreste von alleine. Licht ist ein weiterer, extremer Weinkiller, dem man mit dem Abkleben der Fenster als denkbar einfachste Lösung begegnen kann.

So viel Aufwand darf schon sein für den Spaß am gereiften Tropfen. Gleichwohl: Das Problem der Lagerung von Wein und den optimalen Lagerbedingungen ist unter dem Strich ein Minderheitenproblem. Denn erstens werden über 90 Prozent aller Weine für den direkten Verbrauch produziert. Solche Weine halten in der Regel nicht länger als zwei, höchstens vier Jahre in der Flasche aus. Egal, wo man sie hinstellt oder -legt.

Daraus ergibt sich zweitens, dass es nur relativ wenige Weine gibt, die 5, 10 oder 20 Jahre und mehr aushalten bzw. benötigen, um so etwas wie Trinkgenuss darzustellen (s. S. 94). Und die gibt's auch nicht zum Discounterpreis! Weshalb sich das klamme Jungvolk in der Altersklasse zwischen 18 und 29 den Rebensaft mehrheitlich lieber gleich durch die Kehle gleiten lässt.

Der Trend zum Lagerwein nimmt lediglich bei den graumelierten Empty-Nestern zu – Kinder raus, Wein rein. 65 Prozent der über 50-Jährigen haben angeblich mehr als 10 Flaschen im Regal liegen. Und immerhin 12 Prozent der grauen Panther nennen mehr als 50 lagerfähige Weine ihr Eigen. Für einen reifen Wein bedarf es scheinbar eines reifen Alters.

Weinprobe

Die menschlichen Sinne sind unbestechlich

Weinprobe beim Händler. Es ist angerichtet: Auf dem Tisch eine Auswahl verschiedener Roter und Weißer. Thema: Kalifornischer Cabernet Sauvignon gegen die Traubenkonkurrenz aus dem Bordeaux, australischer Chardonnay gegen eine entsprechende Auswahl aus dem Burgund. Zum Beispiel. Andere Themen gehn natürlich auch. Egal. Sie als Kunde sind jedenfalls herzlich eingeladen zu probieren – und zu ordern, wenn's denn gefällt. Das ein oder andere Fläschchen. Kartonweise geht natürlich auch. Normal.

Was Sie sich im Sinne einer unvoreingenommenen Beurteilung der Kreszenzen jetzt jedoch tunlichst verkneifen sollten: sich als Erstes die Preisliste reichen zu lassen, auf der womöglich auch noch werbewirksam die Punkte- oder Sterne-Bewertungen durch irgendeinen Weinpapst für die ein oder andere Flasche vermerkt sind. Denn: Die landläufige Meinung, dass die eigene Sinneswahrnehmung unbestechlich sei, ist eine grandiose Fehlannahme. Das »Mir kann keiner was vormachen, ich kann selbst herausschmecken, ob mir ein Wein schmeckt oder nicht. Und vom Preis lass ich mich schon gar nicht beeindrucken« ist zwar ein oft gehörtes Credo, das Laien ebenso herunterbeten wie all jene Maulhelden, die glauben, über besonders erlauchte und geschulte önophile Sinne zu verfügen. Doch das wie eine Monstranz vor sich hergetragene Credo ist nichts weiter als ein Irrglaube.

Es ist vielmehr so, dass vor allem Informationen zum Preis eines Weines oder zur Bewertung durch irgendeine Großnase die Sinne ziemlich vernebeln. Und zwar direkt zwischen den Augen, im medialen orbifrontalen Cortex.

Hier sitzt die Hirnregion, die über die Beurteilung von Geschmack, Geruch oder auch Musik mitbestimmt. Und in der schlägt es heftig aus, wenn man glaubt, dass da was ganz Großartiges über die Zunge rollt. Das kann man messen. Im Magnetresonanztomographen.

In einen solchen schoben amerikanische Wissenschaftler 20 Probanden, steckten ihnen einen Schlauch in den Mund und ließen sie fünf Cabernet Sauvignons probieren – und zwar in den Preisklassen 5, 10, 35, 45 und 90 Dollar. Während die entsprechenden Pröbchen durch den Schlauch auf die Probandenzungen sprudelten, wurde der jeweilige Preis auf einem Bildschirm eingeblendet. Der wissenschaftlich geplante Hinterhalt bestand in einer Vortäuschung falscher Tatsachen: Der angebliche 90-Dollar-Wein stammte aus der gleichen Flasche wie der 10-Dollar-Wein.

Und ausgerechnet bei diesem Fake überschlugen sich förmlich die Erregungssignale aus dem orbifrontalen Cortex. Die geschmackliche Beurteilung der Weine durch die Versuchsteilnehmer ebenso wie die Erregungssignale im Gehirn waren eindeutig an die Preisvorgaben gekoppelt – je höher der Preis, desto besser der Wein. Rein subjektiv jedenfalls.

Andere Versuchsanordnungen stellten deutlich unter Beweis, dass auch die Kenntnis über die angebliche Beurteilung eines Weines durch den Weinpapst Robert Parker deutlichen Einfluss auf die geschmackliche Wahrnehmung und Bewertung ein und des gleichen Weines ausübte. Wer nicht wusste, dass der Wein angeblich mit über 90 von 100 möglichen Punkten bewertet worden war, beurteilte den Wein weitaus nüchterner. Die es wussten, bewerteten den Wein hingegen nicht nur geschmacklich als höherwertig, sie waren auch bereit, mehr Geld dafür auszugeben. Die durch Preis und fachliche Benotung ausgelöste Erwartungshaltung beeinflusst also die Bewertungsmuster ebenso wie die Konsumneigung.

Was im Umkehrschluss aber nicht heißt, dass hochpreisige Weine grundsätzlich überbewertet wären. Das wäre ein ebenso fataler Irrtum. Ob sie allerdings ihr Geld wert sind, sollte man zunächst ohne Kenntnis des Preises feststellen. Wenn's geht. Und erst dann geht man zur Kasse – und zahlt. Oder eben nicht.

Weinprobe

*Das Paris Wine Tasting von 1976 – die
größte Schlappe für good old Wine-Europe*

Es war die Mutter aller Wein-Schlachten. Alte Welt
gegen neue Welt. Im Rahmen einer offiziellen
Weinverköstigung traten am 24. Mai 1976 in Paris
im Hotel Intercontinental an: die besten Cabernet
Sauvignons und Chardonnays Kaliforniens gegen
die besten Weine aus dem Bordeaux und Burgund! Die amerikanischen Parvenüs, die seit geraumer Zeit mit ambitionierten Weinen von sich
Reden machten, forderten das gute alte Wein-
Europa heraus. Doch alle – ausnahmslos alle – er-
warteten einen klaren Sieg der Franzosen. Selbst
der Initiator der Veranstaltung, der englische
Weinhändler Steven Spurrier, der mit dieser Weinprobe wenigstens das Image der amerikanischen
Weine aufpolieren wollte, glaubte an einen klaren
Sieg der Franzosen. Bordeaux, Burgund – hier
stand schließlich die Wiege des Weins schlechthin,
hier saßen in den legendären Châteaus die Gralshüter des erlesenen Geschmacks!

Einige Scharmützel hatte es bereits im Vorfeld
gegeben. In New York zum Beispiel hatte eine
Verköstigung amerikanischer und französischer
Chardonnays stattgefunden, deren Ergebnis die
Franzosen aber wegen der Besetzung der Jury mit
amerikanischen Mitgliedern und ihren womögli-
chen Vorlieben für amerikanische Weine in Zweifel
gezogen hatten. Zudem war nicht auszuschließen
gewesen, dass die französischen Weine während
des Transports nach Übersee falsch behandelt
worden waren.

Nun aber Paris: Eine erlesene Jury, besetzt mit dem Hochadel französischer Weinkennerschaft. Kein Zweifel an der Kompetenz auch nur eines der Mitglieder. Und also begann die Schlacht. Über zehn Rote und zehn Weiße galt es zu richten. Es wurde gerochen und geschlürft, geschluckt und gespuckt – halbblind, d. h. die Juroren wussten, welche Weine in die Schlacht geführt wurden, aber sie wussten nicht, wann sie welchen Wein im Glas hatten. Bewertungsgrundlage war ein 20-Punkte-system. Und so wurde heißblütig notiert und kommentiert: »Aha, keine Nase – ein Kalifornier!«, »Aaaah, welch sublime Tiefe – ein klassischer Bordeaux!«

Als die Schlacht geschlagen war, verkündete Spurrier das Ergebnis: »And the winner is – California!« Der Wein ohne Nase kam aus Frankreich, die sublime Tiefe lauerte im Kalifornier. Die Parvenüs, denen erst in den 60ern ausgerechnet einige französische Önologen weintechnisch auf die Sprünge geholfen hatten, standen im Ranking der Juroren ganz oben, beim Weißwein ebenso wie beim Rotwein.

Todesstille im Raum. Schockstarre bei den Juroren. Als der Kanonendonner der Nachricht verhallt war, begann der revisionistische Partisanenkampf: Juroren verlangten ihre Stimmzettel zurück, unterstellten Manipulation, die Presse zweifelte die Seriosität der Verköstigung an, wilde Beschimpfungen von allen Seiten, Spurrier wurde auf Zeit zum Paria der französischen Verköstigungsszene.

Doch all das konnte die Revolution der Weinszene nicht verhindern. Kalifornische Weine eroberten mit einem ungeheuren Imagegewinn die Weinregale der Welt. Die französische Ehre war schwer gekränkt. Der Winemaker des siegreichen kalifornischen Weißweinguts gründete wenig später sein eigenes Weingut in Napa Valley – und die beiden Weinlegenden Rothschild und Mondavi hoben ein französisch-amerikanisches Joint Venture aus der Taufe, um das Beste der alten und neuen Weinwelt in einer Flasche zu vereinen – Opus One (s. S. 116).

Die legendäre Verköstigung rief noch Jahrzehnte später Statistiker auf den Plan, die an der korrekten Auswertung der Degustationsbögen zweifelten. Spurrier hatte die Punkte einfach addiert und durch die Anzahl der Juroren geteilt, was statistisch ein zweifelhaftes Vorgehen war. Sie wiesen darauf hin, dass mit einer Wahrscheinlichkeit von 48 Prozent die Jury bei einer Wiederholung der Weinprobe zu einem gegenteiligen Urteil hätte kommen können, weil vor allem die Gewinner sehr eng beieinander lagen. Die Herren Statistiker legten auch nach den Regeln ihrer Disziplin neue und seriösere Wertungsmethoden vor. Unter dem Strich ließ das alles zwar die Franzosen in einem helleren Licht erscheinen, stellte das Ergebnis aber nicht gänzlich auf den Kopf.

Was abschließend bleibt, ist die erneute Erkenntnis, dass die Amerikaner alles können, wenn sie nur wollen. Auch Wein. Dass nichts so unzuverlässig ist wie die menschlichen Geschmackssinne. Und dass der Versuch, die Komplexität der individuellen sinnlichen Wahrnehmung in ein belastbares, objektives Zahlenwerk zu gießen, letztlich nur einen verzweifelten Akt der Hilflosigkeit darstellt.

Weinstein

*Weinstein ist gesundheitsschädlich
und ein Zeichen für minderwertigen Weißwein*

Panik kann man da in manchen Augen erkennen. Im Mund den letzten Schluck Weißwein aus dem Glas, stürzt der Delinquent wortlos nach Luft ringend zum nächsten Waschbecken, um sich von den »Glassplittern« im Schlund zu befreien. Visionen von zerschnittenen Magen- und Darmschleimhäuten bemächtigen sich der unkundigen Weinseele, die sich innerlich und jämmerlich schon verblutet sieht – Weinstein!

So nennt man die kristallinen Klümpchen, Blätter oder auch die sandigen Griesel, die heute immer seltener in Flasche und Glas zu finden sind. Und die sind nicht nur völlig geschmacksfrei, sondern auch völlig ungefährlich – und stellen auch keinen Weinfehler dar. Kundige Weinseelen wissen dies natürlich, sprechen lyrisch von Weindiamanten oder Weinsternen.

Weinstein ist nichts weiter als das (geschmacklose) Salz Kaliumtartat (und/oder Kalziumtartat), das Bestandteil der Weinsäure ist. Weinsäure bindet dieses Salz, und dies umso mehr, je länger die Trauben am Stock reifen und aus dem Erdreich Mineralien wie Kalium (oder Kalzium) aufnehmen konnten. Damit sind die Salze erst mal drin im Wein.

In reinem Traubensaft sind diese Salze sehr gut löslich. Doch in einer Mischung aus Wasser und Alkohol, und nichts weiter als das ist ja Wein, nimmt ihre Löslichkeit ab. Mit der Folge, dass sie herauskristallisieren. Dies kann bereits während der Gärung, der Reifung (als glitzernder Kristallbeschlag in den Tanks oder Fässern) oder auch erst in der Flasche geschehen. Vor allem bei niedrigen Temperaturen, wie sie in sehr kühlen Lagerräumen bisweilen vorkommen. Oder im Kühlschrank. Im Rotwein – auch hier gibt es entgegen der landläufigen Meinung Weinstein – gesellen sich noch Farb-, Aroma- und Gerbstoffe dazu, die als dunkles Depot (s. S. 45) in der Flasche zu Boden sinken.

Weinstein kann in hochwertigen, extrakt- und säurereichen Spätlesen genauso vorkommen wie im einfachen Tafelwein. Allerdings bemühen sich vor allem die Hersteller preiswerter Weine, den Weinstein auf Teufel komm raus zu entfernen, um beim Verbraucher Irritationen (Glasscherben!) zu vermeiden. Dazu kann man den Wein, kurz bevor er auf die Flasche gezogen wird, für zwei bis drei Wochen auf Temperaturen um oder weit unter 0 Grad herunterfahren und so eine Kristallisation der überschüssigen Weinsäure provozieren. Auch andere, noch unappetitlichere Tricks sind erlaubt. All dies scheint weniger aufwändig, als Aufklärung zu betreiben.

Weinstein ist gesundheitlich zwar völlig ungefährlich, ein angenehmes Mundgefühl ist es gleichwohl nicht, wenn man mit einem Mal Kieselsteine kaut. Dagegen hilft nur vorsichtiges Dekantieren und/oder der Einsatz eines feinmaschigen Siebes. Letzteres sollte man allerdings allein für Wein verwenden, wenn er im Abgang keine Anklänge von Gemüsesuppe hinterlassen soll.

Zucker

Weine dürfen nicht gezuckert werden

Reinheit. Wahrheit. Das wünscht man sich im Wein. Reinheit und Wahrheit verkörpern das Göttliche im Wein. Und das ersehnt sich der Verbraucher: Wein als ein authentisches, sauberes und ehrliches Naturprodukt.

Doch das Böse ist nun einmal in der Welt. Auch im Weinkeller. Auch hier obwalten hin und wieder die Gegenspieler des Göttlichen. Der Mensch zum Beispiel. Wenn er sich weniger dem Göttlichen verpflichtet fühlt als vielmehr den Bilanzen. So dräut es jedenfalls manch einem Verbraucher, dem es davor graut, dass Kellermeister mit unlauteren Methoden aus dem Natur- ein Kunstprodukt machen. Zum Beispiel mit Zucker. Man stelle sich vor: Zucker! Wo Zucker doch des Teufels ist. Im Kaffee, im Kuchen, im Wein. Des Teufels! Zucker macht dick! Mit Zucker im Wein wird das reine Naturprodukt zur süßen Lüge.

Seit jeher mäandert das Vorurteil durch die Konsumentenschar, dass die Zugabe von Zucker wider die Natur, wider das Göttliche und vor allem wider die Gesetzgebung sei. Verwundert reibt sich der unkundige Verbraucher also die Augen, wenn er zum Beispiel Schlagzeilen liest, denen zufolge die Agrarminister der EU getagt hätten und die Anreicherung von Wein mit Zucker erneut (!) für sakrosankt erklärten (zuletzt 2007). Zucker im Wein? Erlaubt? Schon immer? Verkommene Weinwelt!

Dabei ist Zucker zunächst einmal nichts anderes als Natur. Auch im Wein. Ohne Zucker im Wein geht nichts. Der natürliche Zucker in den Weintrauben ist der Rohstoff, aus dem Hefen während der Gärung Alkohol generieren. Und Alkohol ist nun einmal das Rückgrat eines jeden Weines, das tragende Gerüst.

Doch was tun, wenn mangels ausreichender Sonne der Zucker in der Traube mal nicht reicht? Seit Jean-Antoine Chaptal (1756–1832) fügt man dann nahezu überall auf der Weinwelt dem müden Most Zucker zu. Einfachen Haushaltszucker. Der verbleibt jedoch nicht im Wein. Er wird von Hefen zu Alkohol umgebaut. Darum geht's. Darum ging's auch Chaptal. Als Wissenschaftler, vielmehr aber als Innenminister Napoleons, der um den Niedergang der französischen Weinqualität besorgt war, schlug er die Anreicherung des Mostes mit Zucker vor, um schwachen Jahrgängen zu einem ausreichenden Alkoholgehalt zu verhelfen.

Dieses Vorgehen ist zudem schon lange gesetzlich geregelt. In den kühlsten Regionen (Zone A) wie Mosel-Saar-Ruwer, England oder Luxemburg dürfen Weine mit Zucker um bis zu 3 Prozent Alkohol angereichert werden, in der Champagne, in Österreich, im Elsass oder in Baden (Zone B) bis zu 2 Prozent, im Bordeaux oder Burgund (Zone C) um bis zu 1,5 Prozent.

Und es wird dankbar angewendet: Selbst in den besten Châteaus im Burgund oder Bordeaux ist die Chaptalisation üblich. Lediglich im warmen Süden zum Beispiel Italiens oder Frankreichs (wie übrigens auch in Australien) ist es verboten. Hier braucht man aber auch keine »Sonne aus dem Zuckersack«. Hier ist von Natur aus genug Zucker im Traubengut.

Viele Winzer verzichten andererseits bewusst auf die Zugabe von Zucker oder süßem, konzentriertem Traubenmost (was auch erlaubt ist). Die deutschen Prädikatsweine zum Beispiel, die Qualitätsstufen vom Kabinett aufwärts, dürfen nicht gezuckert werden. Man will sich abgrenzen gegen anspruchslose Alltagstropfen. Oder gegen künstliche Kraftprotze. Denn das gibt es natürlich auch: das Aufzuckern von Traubenmost, der es eigentlich gar nicht nötig hat, um den Wein noch schwerer und alkoholischer zu machen; oder die dünnen Weinchen aus Massenerträgen, denen man nur noch mit Zucker zu einem erträglichen Alkoholgehalt verhelfen kann.

So ist es letztlich eine Frage der Einstellung, der Tradition und des Könnens der Kellermeister. Mit Zucker lässt sich Großes und Profanes erzeugen. Der Teufel steckt nicht per se im Göttlichen. Der Teufel steckt im Detail.

Empfehlenswerte Literatur

Jens Priewe:
Wein – Die neue große Schule, München 2005
Eine herausragende, verständlich geschriebene und wunderbar ausgestattete und bebilderte Weinschule, in der Einsteiger wie Fortgeschrittene mit Lust und Neugier blättern und lesen können. Hier erfährt man alles Wissenswerte über Trauben, Weinanbaugebiete, die Arbeit im Weinberg, im Weinkeller u. v. m. Für den kleineren Wissenshunger bietet sich die »Kleine Weinschule« oder der »Grundkurs Wein« an, ebenfalls von Jens Priewe, der zu den profiliertesten Weinjournalisten Deutschlands zählt.

Beat Koelliker:
Die große Hallwag Weinschule, München 2004
Sehr gut lesbare Weinschule, die neben der übersichtlichen Vermittlung von Basics vor allem praktisch ausgerichtet ist: Mit 27 vom Leser einfach umsetzbaren Weinproben mit Weinen aus aller Welt erfährt man nicht nur theoretisch das Wichtigste zu den Unterschieden der Weinregionen und -stile.

Jancis Robinson (Hg):
Das Oxford Weinlexikon, München 2007
Mit über 860 Seiten und über 3900 Einträgen das ultimative Nachschlagewerk, an dem neben der englischen Herausgeberin, einer der weltweit renommiertesten Weinfachfrauen, jede Menge Experten aus Wissenschaft und Praxis gearbeitet haben. Inhaltlich und preislich allerdings eher etwas für Fortgeschrittene, die es wirklich wissen wollen.

Der Autor

Marcus Reckewitz, Jahrgang 1958, hat bereits mehrere unterhaltsame und erfolgreiche Bücher zu kulinarischen Themen veröffentlicht und trinkt sich seit mehreren Jahrzehnten mit nicht nachlassender Neugier durch so ziemlich alle Weinregionen der Welt, darüber verzweifelnd, dass er sich die Weingüter so vieler begeisternder Weine partout nicht merken kann und mindestens ebenso verzweifelnd an der Erkenntnis, dass die Leistungskraft seiner Leber seiner Neugier deutliche Grenzen setzt. (www.reckewitz.de)

Dank

Dank für korrigierenden Ratschlag gilt vor allem meinem Weinhändler, der nicht nur von Wein sehr viel versteht, sondern auch vom Kochen, und der mir deshalb immer ideale Begleiter zu den Ergebnissen meiner Mühen in der Küche empfehlen konnte. Dank gilt auch Ralf Kaiser, einem weitgereisten Weinkenner und Betreiber eines der bekanntesten Weinblogs (www.weinkaiser.de), der zudem als Mitglied renommierter Verköstigungsteams die Grenze der reinen Liebhaberei längst überschritten hat. Und nicht zuletzt gilt mein Dank auch Bernold Kohan, der als ehemaliger Kellermeister der DLR Oppenheim und als Winzer des familieneigenen Weinguts in Rheinhessen jede Menge Tipps und Hinweise aus der Praxis zur Verfügung stellte, wenn ich mich theoretisch bereits am Ende wähnte.